프롭테크와 메타버스NFT

김영기
이승관
김정혁
김성모
이준호
허제인
김기민
이창택
김재우
이태열
이현수
김세진

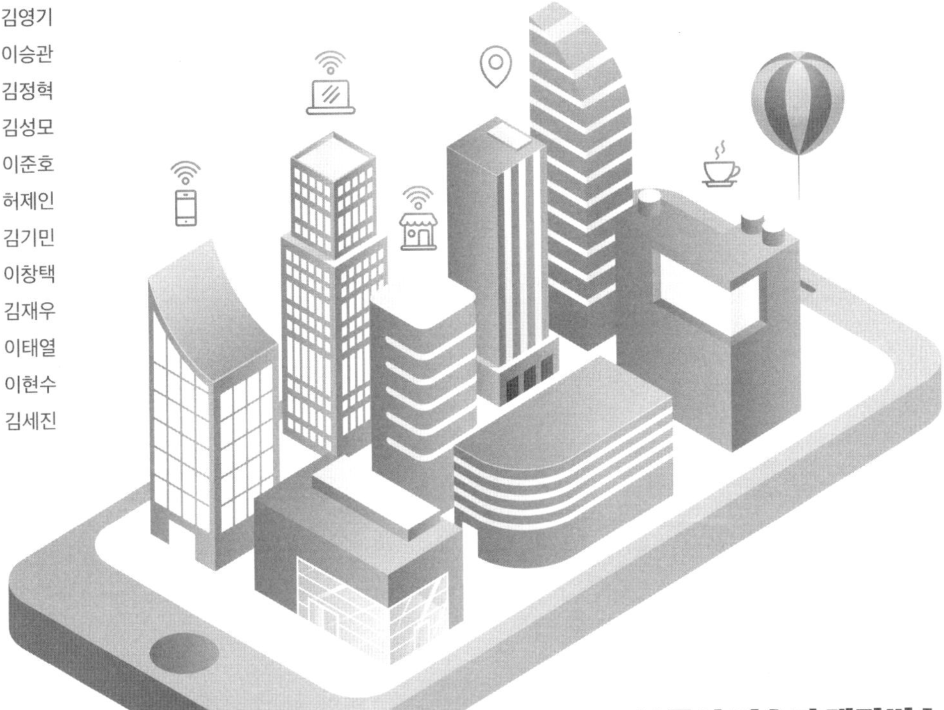

부동산 기술과 메타버스
현실과 가상공간의 대체불가능한 토큰

프롭테크와 메타버스 NFT

프롭테크
메타버스NFT
완벽 가이드!
★★★★★

BRAIN PLATFORM

서문

2022년 경제계에 가장 큰 이슈는 '프롭테크'와 '메타버스'이다.

프롭테크는 부동산(Property)과 기술(Technology)의 합성어로 부동산 산업에 최첨단 IT 기술을 접목한 혁신적인 서비스를 뜻한다. 직방이나 야놀자처럼 스마트폰 앱이나 인터넷 웹 페이지를 통해 부동산 매물을 소개하고 중개하는 서비스부터 빅데이터를 이용해 부동산 공공 정보를 활용하여 부동산 가격부터 과거 거래실적 등을 한눈에 볼 수 있는 서비스를 떠올리면 이해가 될 것이다.

우리 사회는 디지털 트랜스포메이션으로 명명되는 4차 산업혁명 시대로 패러다임이 급속히 변화되고 있다. 인공지능을 중심으로 빅데이터, 클라우드, 블록체인, 자율주행, 사물인터넷, 로봇, 드론, 가상현실 등의 기술로 구현되고 있는 4차 산업혁명 시대는 이미 우리 생활 속에 깊숙이 들어와 빠른 속도로 세상을 변화시키고 있어 예전에 상상만 하던 디지털 첨단 기술로 무장한 미래 사회가 눈앞에 성큼 다가왔다.

국내 대표적인 프롭테크 기업인 직방은 사무실을 메타버스 내에 가상 오피스인 '메타폴리스'에 두어 출근하면서 프롭테크와 메타버스가 연결되고 있으며 메타버스 내에 가상화폐로도 통용되는 대체불가능한 토큰인 NFT도 함께 가야 할 동반자가 되고 있다.

부동산의 미래에 대하여 옥스퍼드대학 연구소의 「PropTech 2020: the future of real estate」 보고서, 2019년 3월 한국건설산업연구원 「프롭테크 기업, 부동산 산업의 새로운 미래」 보고서, 2020년 7월 대신증권의 「프롭테크(Prop+Tech) 4.0시대 부동산 산업, 새 옷을 입다」 보고서, 2020년 9월 삼성증권의 「프롭테크, 부동산 시장을 바꿀 Game Change」 보고서, 2021년 4월 이상빈 부동산전문 기자의 「부동산의 미래: 프롭테크」를 살펴보면 이해가 쉬울 것이며 한국프롭테크포럼의 웹사이트를 보면 최근의 국내 프롭테크 기업의 발전사를 한눈에 볼 수 있을 것이다. (본문 中)

오늘 이 책을 통해 우리가 던지는 화두(話頭)는 서두에 언급한 프롭테크와 메타버스 시대에 앞으로 우리가 미래를 어떻게 대처해 나갈 것인지에 대한 준비와 방향성에 관한 것이다.

이 책의 저자들은 '프롭테크와 메타버스NFT 시대'라는 패러다임 변화에 대해 미리 준비하고 도전하려는 열정을 가지고 각자 나름대로의 미래 방향성을 이 책에 기술했다.

이 책이 프롭테크 시대, 메타버스 시대를 살아가고 있는 독자분들이 미래 인생을 설계하고 준비하는 데 마중물이 되기를 기대하며 이 책을 바친다.

2022.04.21. 과학의 날에 서초동 연구실에서
대표저자 김영기 외 11명 dream

차례

서문 • 004

제1장 | 부동산의 미래 프롭테크 경영 김영기
1. 부동산 시장의 구조 변화 • 014
2. 프롭테크 시대 역사와 개막 • 017
3. 프롭테크의 정의 및 의미 • 024
4. 부동산 산업의 미래: 프롭테크 기업 • 026

제2장 | 프롭테크 비즈니스모델 현황과 사업화 전략 이승관
1. 프롭테크 국내외 시장동향 • 042
2. 프롭테크 비즈니스모델 사례연구 • 044
3. 프롭테크 활용 기업 기술 가치 제고방안 • 051

제3장 | 프롭테크를 통한 부동산 산업의 기술혁신 김정혁
1. 들어가며 • 064
2. 부동산 산업의 새로운 패러다임 • 066
3. 국내외 프롭테크 산업의 동향 및 전망 • 070
4. 프롭테크를 통한 부동산의 변화 • 076
5. 마치며 • 079

제4장 | 프롭테크 사례_부동산 개발 플랫폼 구축 사례 김성모
1. 부동산 개발에 대한 욕구 • 088
2. 부동산 개발 플랫폼 구축 사례 • 090
3. 생태계 활성화를 위한 노력 • 100

제5장 | 부동산의 꽃 프롭테크와 메타버스 사이 가교 역할을 하는 스터디카페의 M2O 플랫폼 이준호

1. 프롭테크 트렌드, 부동산+IT 기술 산업 융합으로
   디지털 트랜스포메이션 가속화 • 108
2. 공유 오피스 플랫폼, 프롭테크의 꽃은 공유 오피스 중심의
   스타트업 생태계 • 114
3. 프롭테크&가상지구, 프롭테크 부동산 넘어
   메타버스&블록체인&3D, NFT 입혀 화제 • 122

제6장 | 프롭테크의 국내와 해외 허제인

1. 프롭테크(Proptech)의 개요 • 134
2. 프롭테크의 활용 • 139
3. 프롭테크 관련 기업 정리 • 148

제7장 | 글로벌 프롭테크 사례 김기민

1. 들어가며 • 154
2. 글로벌 프롭테크 사례 1: 중개 및 임대 • 155
3. 글로벌 프롭테크 사례 2: 부동산 관리 • 161
4. 글로벌 프롭테크 사례 3: 프로젝트 개발 • 166
5. 글로벌 프롭테크 사례 4: 투자 및 자금조달 • 170
6. 시사점 • 172

제8장 | 프롭테크가 타고 갈 메타버스 이창택

1. 서문 • 178
2. 상상하는 모든 것이 가능한 세상 • 179
3. 디지털 트랜스포메이션 • 182
4. 메타버스를 먼저 탄 기업들 • 184
5. NFT가 만든 세상 • 186
6. NFT가 만들 세상 • 187
7. NFT는 어떤 모습이어야 하나? • 188
8. NFT가 돈이 되려면? • 190
9. 블록체인의 역할 • 191

10. 블록체인과 데이터 • **193**
11. CBDC 암호화폐 • **194**
12. 인공지능 • **196**
13. 메타버스, 승차권 • **197**
14. 프롤로그 • **199**

제9장 | 프롭테크와 NFT 증권형 토큰의 시대 김재우

1. 프롭테크, 부동산 시장의 혁명이 된다 • **206**
2. 프롭테크가 바꾸는 세상 • **209**
3. 실제 공간에서 프롭테크의 효용성 • **210**
4. 가상 공간에서 프롭테크의 효용성 • **212**
5. 부동산 유동화 수익증권과 증권형 토큰 • **213**
6. 결국 NFT는 자산을 베이스로 결정된다 • **215**

제10장 | 메타버스, NFT가 여는 새로운 미술 세상 이태열

1. 들어가며 • **222**
2. 미술, NFT가 가져올 기회 • **224**
3. 메타버스와 미술 • **233**
4. 미술 시장의 미래 • **234**
5. 나가며 • **237**

제11장 | 메타버스 시대 삶 이현수

1. 도입부 • **244**
2. 메타버스 • **245**
3. 메타버스 시대 삶의 준비 • **259**

제12장 | 프롭테크와 지식산업센터의 결합 김세진

1. 지식산업센터의 현황과 전망 • **276**
2. 지식산업센터 중개플랫폼의 프롭테크 사례 • **282**

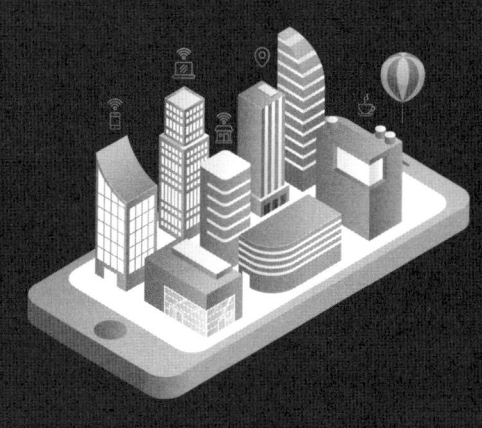

제1장

부동산의 미래
프롭테크 경영

김영기

1. 부동산 시장의 구조 변화

우리나라 부동산 시장의 패러다임을 살펴보면 다음과 같다.
-개발의 시대에서 관리의 시대로
-매도인의 시장에서 매수인의 시장으로
-저량(Stock)의 경제에서 유량(Flow)의 경제로
-폐쇄 시장에서 개방 시장으로
-부동산에 기술이 융합되어 프롭테크로

1) 개발의 시대에서 관리의 시대로

1960년~1980년대

급속한 도시화로 부동산 공급의 양적 부족으로 개발후보지 등에서의 투기 및 토지이용규제로 공급 부족을 야기하였고 투기의 악순환을 거치면서 도시화의 성숙(도시화율 거의 90%)화가 진행되고 양적 부족 문제가 완화되었다.

1990년대

시장개방 압력, IMF 위기로 각종 규제 완화, Global Standard가 보급되고 주택 200만 호 건설 등 주택보급률의 획기적 향상이 이루어지면서 주택 가격이 안정되었다.

2000년대

개발 시대의 아파트가 재개발 주기가 도래되면서 재건축과 더불어 리모델링에 관심을 가졌으며, 난개발에 대한 반성과 선 계획 후 개발 기조 확립을 위해 지구단위계획제도 강화됨과 더불어 REITs, Fund 등 자산 운용/관리의 필요성 대두 등 자산 관리 산업이 등장하였다. 기존 토지의 효율적 이용, 재활용 관심이 많아졌으며 신규 개발용지의 부족, 인구구조 및 도심 선호 라이프스타일 변화로 리모델링, 용도 변경 등을 통한 부동산 가치의 극대화에 더욱 관심을 가지는 한편, 자본적 투자 결정의 중요성 인식하였고 보유세 강화로 인한 경상수익창출 관심이 고조되었다.

2) 매도인의 시장에서 매수인의 시장으로

부동산의 양적 문제가 질적 문제로 변화하여 부동산 가격 안정과 투기적 수요 또는 가수요가 감소되고 부동산 수급의 질적 부조화 문제(주택보급률- 2005년: 전국 105.6%, 2006년: 수도권 96.8%, 서울 89.7%(2000년 77.4%), 전남 135.4%)가 대두되었다.

부동산 시장의 차별화가 가속화되어 부동산 Marketing의 중요성이 증대되고 부동산의 속성, 브랜드 이미지 중요성이 증대되었으며 시장분석의 중요성(Target group 확인 및 상품구성)과 부동산 틈새시장(One-room, 오피스텔, 서비스드 레지던스, 주상복합, 실버, 펜션 등)이 발달되었다.

3) 저량(Stock)의 경제에서 유량(Flow)의 경제로

전세의 월세 전환

주택 가격 안정과 저금리로 인해 주택 가격 대비 전세금 비율의 상승 압력으로 전세금이 상승하고 결국, 월세로의 전환이 예상되며 관습 및 공금융의 불완전성 상존으로 현실적으로는 전세가 사라지지 않고 있으며 결국은 전·월세 환산율의 증가를 통해 전세금 상승으로 이어질 것이다.

부동산의 증권화

IMF 이후 부실자산 정리 과정을 통해 대두되어 자산 유동화 회사(ABS법), 주택 저당채권 유동화 회사(MBS법), 부동산 투자 회사(REITs법), 펀드(간접 투자 자산 운용업법) 등 자본시장통합법의 제정으로 업무 유형별 통합 규제가 많아지고 있다.

4) 폐쇄 시장에서 개방 시장으로

외국인의 부동산 투자 활성화

IMF 이후 부동산 시장개방으로 투자 관행의 국제화 필요성 및 국제 거시경제 변수들의 중요성 증대, 자본 이동의 신속화로 부동산 시장의 동시화·동조화 현상(최근 전 세계적 주택 가격 상승의 원인은 저금리)이 대두되었으며 외국인의 국내 부동산 투자가 급격히 증가하였고, 내국민의 외국 부동산취득에 대한 제한을 2006년 3월부터 완화하여 투자 활성화가 증대되었다.

부동산 정보 산업의 발달

인터넷 및 스마트폰 보급 확산, 업종 간 Network화 촉진, 부동산 실거래가 신고제도로 거래동결을 유발하는 양도세가 문제이지만 종합 산업으로서의 부동산업이 육성되었다.

5) 부동산에 기술이 융합되어 프롭테크로

최근 들어 부동산에 디지털 기술이 융합되면서 무겁고 딱딱했던 부동산이 부드럽고 손쉬운 부동산으로 변화되면서 부동산의 새로운 미래를 열어 주고 있다. 부동산 앱 비즈니스로 시작한 '야놀자'와 '직방'이 유니콘 기업(자산 1조)이 되었고, '패스트파이브' 등 공유 오피스 부동산이 각광받는 시대가 열리고 있으며 메타버스 등 새로운 기술이 부동산에 접목되면서 부동산의 미래를 밝게 해 주고 있다.

2. 프롭테크 시대 역사와 개막

1) 프롭테크의 역사

최근 프롭테크 시대가 활짝 열렸다고 한다. 프롭테크(Proptech)는 부동산(Property)과 기술(Technology)의 합성어이다. 원래 부동산은 영어로 'Real estate'와 'Property'를 지칭하는데, 그래서 미국이나 유럽에서는 리테크(Re Tech)나 리얼테크(Real Tech)를 혼용해서 쓰기도 하지만 주로 프롭테크로 쓰며, 한국에서도 그대로 받아들여 부동산 기술을 프롭테크로 지칭한다.

최근에 디지털 트랜스포메이션(Digital Transformation) 시대에 접어들면서 금융에 기술을 결합한 핀테크(Fin Tech), 교육에 기술을 융합한 에듀테크(Edu Tech) 등과 같이 부동산에 기술을 결합한 제품이나 서비스를 프롭테크라고 한다.

옥스퍼드대학 연구소의 「PropTech 2020 : the future of real estate」 보고서에 의하면 '프롭테크'에 대하여 다음과 같이 기술하고 있다.

프롭테크란 자산이자 산업으로서의 부동산은 4차 산업혁명으로 인해 가능해진 혁신에서 자유롭지 않습니다. PropTech로 널리 알려진 것은 현재 부동산 업계에서 일어나고 있는 디지털 혁신을 설명합니다. "PropTech는 부동산 산업의 광범위한 디지털 혁신의 작은 부분 중 하나입니다. 이는 데이터 조립, 거래, 건물 및 도시 설계의 기술 주도 혁신과 관련하여 부동산 업계와 소비자의 사고방식 변화를 주도하는 움직임을 설명합니다". (Andrew Baum 및 James Dearsley, Davenport, 2019년 보고)

2017년 보고서에서 아래 그림과 같이 우리는 PropTech의 뿌리가 세

가지 독립적인 움직임 또는 영향에 있다고 제안했습니다. 핀테크, 스마트빌딩 기술, 공유경제였습니다.

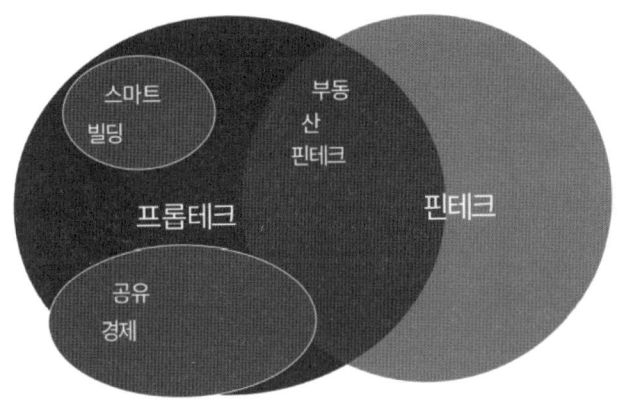

출처: 나무(2017)

스마트빌딩은 부동산 자산의 운영 및 관리를 용이하게 하는 기술 기반 플랫폼을 설명합니다. 자산은 단일 자산 단위 또는 전체 도시가 될 수 있습니다.

플랫폼은 단순히 건물이나 도심의 성능에 대한 정보를 제공하거나 건물 서비스를 직접 촉진하거나 제어할 수 있습니다. 이 부문은 부동산 자산, 자산 및 시설 관리를 지원합니다. 우리는 PropTech(일반적으로 ConTech로 알려짐)의 정의에서 건물 또는 기반 시설의 설계 및 건설을 지원하는 기술을 제외하고 논의합니다.

부동산 핀테크는 부동산 자산 소유권 거래를 용이하게 하는 기술 기반 플랫폼을 설명합니다. 자산은 건물, 주식 또는 자금, 부채 또는 자본이 될 수 있습니다. 플랫폼은 단순히 잠재 구매자와 판매자에게 정보를 제공하거나 자산 소유권 또는 자본 가치가 있는 임대 거래를 보다 직접적으로 촉진하거나 영향을 미칠 수 있습니다. 이 부문은 부동산 자본 시장을 지원합니다.

공유경제는 부동산 자산의 사용을 용이하게 하는 기술 기반 플랫폼을 설명합니다. 자산은 사무실, 상점, 창고, 주택 및 기타 부동산 유형을 포함한 토지 또는 건물일 수 있습니다. 플랫폼은 단순히 가상 공간의 잠재 사용자와 판매자에게 정보를 제공하거나 임대료 또는 수수료 기반 거래를 보다 직접적으로 촉진하거나 영향을 미칠 수 있습니다. 이 부문은 부동산 점유자 시장을 지원합니다.

2) 프롭테크의 물결

옥스퍼드대학 연구소의 「PropTech 2020 : the future of real estate」 보고서에 의하면 '프롭테크의 물결'에 대하여 다음과 같이 기술하고 있다.

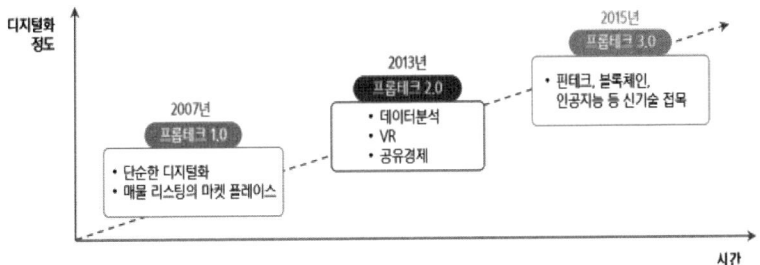

출처: Maxim Talmatchi, The implications of Proptech on the real estate brokerage, 삼성증권

첫 번째 물결(PropTech 1.0)은 1980년대 중반에 발생했습니다. 이것은 모두 데이터와 컴퓨팅 파워와 관련이 있습니다. 1930년대와 1940년대의 컴퓨팅 발명과 이후 40년간의 개발은 부동산 시장에 거의 또는 전혀 영향을 미치지 않았습니다. 변화의 핵심 동인은 1970년대 말/1980년대 초 개인용 컴퓨터의 도입이었습니다. Apple II와 트윈 플로피 디스크 IBM PC XT(1983년 도입)는 모두 Lotus 1-2-3 이전에 스프레드시트 응용 프로그램(VisiCalc 및 Supercalc)을 지원했으며 이후 Excel이 산업화되었습니다.

조직 및 데이터 분석을 위한 표준 플랫폼. 개인용 컴퓨터(PC)의 발전과 함께 메인프레임 컴퓨터는 점점 더 효율적이고 저렴해졌습니다. 1980년대 중반에 이것은 부동산 관행에 영향을 미치기 시작했습니다. 우리가 PropTech 1.0이라고 부르는 것은 1980년대 중반에 개인용 컴퓨터와 관련 소프트웨어의 등장으로 시작되었습니다. Microsoft Excel은 부동산 분석가의 필수 도구가 되었고 회귀 모델링이 표준이 되었습니다. 닷컴 붐과 관련된 창업 및 투자 활동의 정점은 2000년경이었습니다.

PropTech 1.0에 투자한 많은 돈이 뒤이은 충돌로 인해 손실되었습니다.

이러한 물결은 글로벌 금융 시장의 움직임에 대응할 가능성이 높습니다. Frick(2019)은 경기 침체가 어떻게 새로운 기술의 채택을 장려하는지 설명합니다. 고용주는 실업 증가로 인해 더 나은 컴퓨터 관련 기술을 가진 근로자를 모집할 수 있습니다. 기술은 기업이 혼란의 영향을 받는 방식과 위치에 대한 투명성을 제공합니다. 그리고 새로운 기술에 대한 투자의 기회비용은 정기적인 운영 자금 지원으로 인한 수익이 감소함에 따라 감소합니다. Block and Aarons(2019:51)도 2008년 글로벌 시장의 침체가 부동산 회사가 경쟁 우위를 찾고 절약을 극대화해야 하는 필요성 때문에 PropTech의 성장을 이끌었다고 지적했습니다.

PropTech 1.0과 PropTech 2.0 사이의 다리는 온라인 주거 시장부문에 의해 주도되는 것으로 보입니다. 예를 들어, 영국에서 Rightmove는 2000년 상반기에 시작되었습니다. 당시 4개의 영국 부동산 중개 업체(Countrywide, Connells, Halifax 및 Royal and Sun Alliance)에 이어 2007년에 Zoopla가 출시되었고 2015년에 OnTheMarket이 출시되었습니다. 미국에서는 Trulia가 2005년에 설립되었고 Zillow가 2006년에 출시되었습니다. Trulia는 2015년 Zillow에 25억 달러에 인수되었습니다.

PropTech 2.0을 특징짓는 기하급수적인 성장은 2008년 즈음에 시작되어 시리즈의 성장이 다시 시작되었습니다. 클라우드 컴퓨팅, 모바일 인터넷, 린코딩 및 광대역과 같은 외부 기술은 후기 1.0 회사인

Rightmove, Zoopla, Trulia 및 Zillow에서 막대한 수익 성장을 주도하는데 도움이 되었습니다. 2010년까지 2007~2008년의 글로벌 금융 위기와 스마트폰 및 멀티 플랫폼세계의 부상으로 인해 기존 프로세스에 대한 믿음이 상실되었고 개방형 API(응용 프로그래밍 인터페이스)를 통해 촉진되어 '앱'을 만들 수 있게 되었습니다. 이것은 소비자가 제로 비용으로 즉각적인 부동산 정보에 대한 풍부한 액세스를 용이하게 했습니다. Airbnb 및 WeWork(둘 모두 빠르게 유니콘이 됨)와 같은 새로운 비즈니스 모델이 이 두 번째 혁신 물결의 승자로 부상했으며, GFC 이후 주요 기관에 대한 대안을 제공하고 향상된 고객 경험을 가장 잘 제공할 수 있었습니다. 2014~2015년에는 이 활동이 최고조에 달한 후 크게 하락했습니다. 이는 부분적으로 데이터 문제일 수 있습니다. 새로운 회사 등록에 지연이 있을 수 있습니다. 그러나 우리는 회사의 대규모 통합과 PropTech 2.0의 끝 또는 성숙을 목격하고 있는 것으로 보입니다.

창업 활동의 감소는 필연적으로 PropTech의 세 번째 주요 물결에 앞서 불가피하며, 그 정점의 시기와 규모는 예측할 수 없고 원인은 더 적습니다. PropTech 3.0은 아마도 기후 변화와 급속한 도시화의 세계적인 압력에 의해 주도되고 사물인터넷, 기계 학습, 인공지능 및 블록체인을 포함한 외생 기술의 성숙을 통해 가능하게 될 것입니다.

3. 프롭테크의 정의 및 의미

〈한국경제신문 용어사전〉에서는 프롭테크를 다음과 같이 정의하고 있다.

프롭테크는 부동산 자산(Property)과 기술(Technology)의 합성어이다. 인공지능(AI), 빅데이터, 블록체인 등 첨단 정보 기술(IT)을 결합한 부동산 서비스를 말한다. 2000년대 등장한 인터넷 부동산 시세조회·중개 서비스에서 기술적으로 더 나아갔다. 부동산 중개, 사이버 모델하우스 같은 3차원(3D) 공간설계, 부동산 크라우드펀딩, 사물인터넷(IoT) 기반의 건물 관리 등이 프롭테크에 해당한다.

2006년 설립된 미국 온라인 부동산중개회사 질로우(Zillow)는 대표적인 프롭테크 업체로 평가받는다. 이 회사는 미국 3,000여 개 도시의 공공데이터를 바탕으로 집값을 실시간 산출하는 서비스를 제공한다. 또 다른 미국 스타트업 렉스와 셸터줌은 블록체인을 부동산에 적용했다. 부동산 거래정보를 블록체인 네트워크에 올려 거래가 이뤄지는 순간 모든 사용자가 거래정보를 블록체인으로 공유할 수 있다. 영국 라이트무브, 호주 리얼에스테이트 등도 온라인 비대면으로 집 계약을 하는 서비스를 제공하고 있다.

한국에서는 2020년 7월부터 부동산 정보 애플리케이션(앱) 업체 다방이 원룸 전세·월세 계약을 모바일에서 '원스톱'으로 끝낼 수 있는 전자 계약 서비스를 선보일 계획이다. 다방은 국토교통부가 2017년 도입한 전자 계약 시스템보다 더 편리한 서비스로 시장을 확대해 나가겠다는 전략이다. 다방의 전자 계약은 임차인, 임대인, 공인중개사 3자가 앱에서 전자서명 방식으로 계약을 맺는 방식이다. 공인인증서를 깔아야 하는 국토부 전자 계약 시스템과 달리해 토스나 카카오뱅크처럼 간단한 인증 절차만 거치면 된다. 계약 체결 후엔 앱에서 보증금 및 월세도 바로 결제할 수 있다.

정부도 뒤늦게 속도를 내고 있다. 국토부는 2020년 4월 말 공급되는 행복주택 4,000여 가구를 시작으로 한국토지주택공사(LH)와 서울주택공사(SH)가 공급하는 모든 공공분양에 전자 계약을 의무화하기로 했다. 2017년 7월 전국 시행 이후 이용률이 1%에도 못 미치며 지지부진했던 전자 계약 시스템을 다시 활성화시키겠다는 계획이다.

부동산 정보 앱 1위인 직방은 700만 월간 활성이용자의 빅데이터 분석을 통한 타깃 마케팅에 나섰다. 건설사와 시행사를 대상으로 2019년 맞춤형 분양 광고 사업을 선보인 게 그 시작이다.

2018년 직방에 인수된 '호갱노노'는 2020년 상반기 중 아파트 매물 타깃 광고 서비스를 선보일 예정이다. 특정 지역의 아파트에 관심이 있는 예비 수요자에게 집중적인 광고를 해 주기로 했다. 심상민 호갱노노 대표는 "포털 등에선 단순히 매물 건수에 따라 월정액으로 광고 수수료를 받는다"며 "하지만 우리는 실제 몇 명이 해당 매물을 봤는지에 따라 수수료를 받아 차별화를 시도할 것"이라고 했다.

4. 부동산 산업의 미래: 프롭테크 기업

부동산의 미래에 대하여 옥스퍼드대학 연구소의 「PropTech 2020: the future of real estate」 보고서, 2019년 3월 한국건설산업연구원 「프롭테크 기업, 부동산 산업의 새로운 미래」 보고서, 2020년 7월 대신증권의 「프롭테크(Prop+Tech) 4.0시대 부동산 산업, 새 옷을 입다」 보고서, 2020년 9월 삼성증권의 「프롭테크, 부동산 시장을 바꿀 Game Changer」 보고서, 2021년 4월 이상빈 부동산전문 기자의 「부동산의 미래: 프롭테크」를 살펴보면 이해가 쉬울 것이며 한국프롭테크포럼의 웹사이트를 보면 최근의 국내 프롭테크 기업의 발전사를 한눈에 볼 수 있을 것이다.

2019년 3월 한국건설산업연구원 「프롭테크 기업, 부동산 산업의 새로운 미래」라는 보고서에 의하면 프롭테크 기업의 등장과 시장 형성에 대하여 다음과 같이 요약하여 설명하고 있다.

2017년 이후 글로벌 프롭테크 시장이 급격하게 성장하였고, 부동산 산업의 새로운 성장동력으로 인식되고 있음. 본 연구는 기업 사례를 통해 프롭테크 시장을 이해하고 접근 방안에 대한 시사점을 얻고자 함.

-프롭테크(Proptech)는 부동산(Property)과 기술(Technology)의 합성어로 부동산업과 기술업을 결합한 새로운 형태의 산업, 서비스, 기업 등을 포괄하는 개념임.

-2013년 이후 프롭테크에 대한 투자가 증가하여 2017년에는 그 규모가 130억 달러에 달하였고 벤처캐피털의 프롭테크 투자도 급격하게 확대됨. 최근에는 Series B 이상 투자 비중이 확대되는 등 일정 수준의 성과가 확인된 기업의 수가 증가하고, 이를 향한 투자자의 선호가 두드러지고 있음.

-위워크, 에어비앤비, 질로우 등 유니콘 및 데카콘 기업이 빠르게 증가하면서 시장 점유율을 확대하고 있음.

프롭테크 시장을 ① 건설 프롭테크, ② 스마트빌딩 및 상업용 프롭테크, ③ 스마트홈 및 주거용 프롭테크, ④ 공유경제 프롭테크로 구분하고 각 기업 사례를 분석함.

-건설 프롭테크는 유니콘 기업인 '프로코어', 자료 분석 회사인 '룸빅스', 모듈러 주택부문의 '블루홈즈', 증강현실을 활용한 '홀로빌더'를 대상으로 삼음.

-상업용 프롭테크는 구글의 스마트시티 사업을 추진하는 '사이드워크 랩', 대기업인 '하니웰', 임대차 관리를 지원하는 'VTS', 빌딩 에너지 효율을 지원하는 스타트업 '엔틱'을 분석함.

-주거용 프롭테크는 아마존의 스마트홈인 '알렉사', 구글의 '안드로이드 스마트싱스'와 미국의 최대 주택 공급 업체인 레나가 투자한 '오픈

도어', 블록체인 기술을 활용한 '임브렉스'의 특징을 확인함.

-공유경제 프롭테크는 에어비앤비의 부동산 개발사인 '니도', 기관 투자자 티시먼 스파이어의 'Zo'를 선택함.

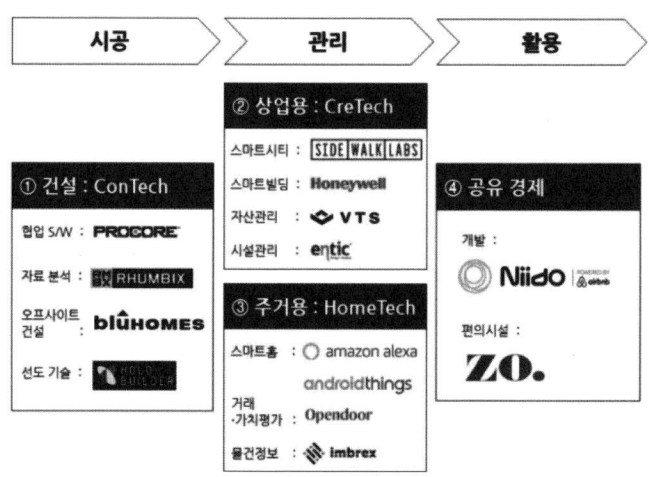

출처: 한국건설산업연구원 「프롭테크 기업, 부동산 산업의 새로운 미래」

글로벌 시장에서는 프롭테크 기업의 폭발적인 성장세가 확인되고 있으며, 다양한 업태의 시장 참여자들의 적극적인 진출이 이루어지고 있음.

-타 분야에 비해 부동산의 기술 활용도가 낮아 기술혁신에 따른 파급력이 클 것으로 예측됨. 대형 기업의 등장으로 신시장 창출 및 효율성이 현실에서 증명된 것이 성장세의 원인으로 판단됨.

-기관 투자자, 벤처캐피털 등 다양한 형태의 투자가 유입된 것이 산업적 성장동력으로 작동하고 있음.

-지금까지 성과는 업역의 본질적 변화나 신시장 창출보다는 기술을 활용한 관리의 효율화로 비용을 절감하고 생산성을 높이는 형태가 다수였음. 다만, 블루홈즈, 공유경제 등은 구조적 변화의 가능성을 보여 줌.

프롭테크의 본질은 기술을 활용한 부동산 산업의 선진화이며, 이는 국가별, 세부 분야별 속도의 차이는 존재하나 거스르기 어려운 메가 트렌드로 이해됨. 프롭테크 시장 형성으로 부동산 산업 선진화를 이루려면 적극적인 정책적 지원, 투자자 발굴, 기업의 참여가 필요함.

-우리나라에서도 프롭테크 관련 기업이 설립되고 있으나, 글로벌 시장에 비해 성장 속도가 더디고 공유경제와 매물 중개부문에 치우쳐 있음.
-업태 간 시너지가 어려운 칸막이식 규제, 지분형 투자가 적은 투자 환경 등이 성장의 제약 요인으로 지적되어 옴.
-미국 최대 주택 공급 업체인 레나의 사례에서 보듯이 프롭테크 기업과의 파트너십이나 투자를 통해 기술을 전통 업태로 포괄하려는 노력이 필요함. 이는 오히려 기존 사업 영역을 공고히 하는 역할도 할 것임.

2020년 7월 발표된 대신증권의「프롭테크(Prop+Tech) 4.0시대 부동산 산업, 새 옷을 입다」보고서에서 발표한 내용을 요약하면 다음과 같다.

디지털 시대, 부동산 산업의 Pain Point

전 산업의 디지털화가 빠르게 진행되는 시대, 부동산 산업의 디지털 성숙도는 낮은 수준에 머물러 있다. 부동산 산업의 6가지 본질에 기인한 부동산 산업의 고질적인 페인 포인트, '정보의 비대칭성'이 디지털화를 지연시키고 있기 때문이다.

부동산을 둘러싼 환경의 변화와 프롭테크 산업의 등장

하지만 부동산 산업을 둘러싼 4가지 환경의 변화, ① 공공 데이터 개방, ② 빅데이터/머신러닝 기술 발달, ③ 플랫폼 비즈니스 확대, ④ 밀레니얼 세대의 등장으로 인하여 프롭테크 산업이 개화할 수 있는 환경이 마련되었다. 프롭테크 기업은 부동산 산업의 본질적인 페인 포인트인 정보의 비대칭성이 존재하는 지점에서 선전하며, 기존 부동산 사업자의 디지털화를 위한 조력자(Enabler)로서 자리 잡았다.

프롭테크 산업 Overview

프롭테크는 부동산 산업의 비효율성을 크게 개선하며 전 밸류 체인에 걸쳐 확산되었다. 주거용 부동산의 '중개/임대' 영역에서 비교적 낮은 진입 장벽으로 많은 기업이 탄생했고, 지금까지의 성장세를 주도하였다. 향후에는 사업의 적용 범위가 넓고 대형 기관 투자자를 고객으로 하는 '관리' 영역의 발전 속도가 가속화될 것으로 기대한다.

벤처 투자 동향과 스타트업 생태계

1990년대 주택 매물 정보 웹사이트에 대한 투자부터 시작된 프롭테크 벤처 투자는 2015년 이후 10억 달러 투자 건이 등장하고 유니콘이 탄생하며 중흥기를 맞이했다. 현재 부동산 중개/임대 및 관리 분야에 투자금의 80% 이상이 집중되고 있고, 주택 중개 플랫폼 위주로 유니콘 23개가 탄생하였다. 최근 3년간 IPO와 M&A가 증가하는 등 투자자들의 이익 실현이 가시화됨에 따라 프롭테크 벤처 투자 생태계는 더욱 활성화되는 모습이다.

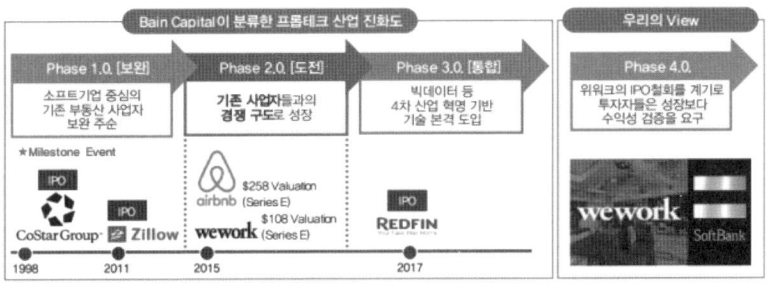

출처: 대신증권의 「프롭테크(Prop+Tech) 4.0시대 부동산 산업, 새 옷을 입다」

프롭테크 4.0을 선도할 기업

① 주거용 부동산 금융 전문 회사 Better Holdco, ② 가장 큰 시장이 예상되는 건설 분야의 파괴적 혁신을 몰고 올 카테라(Katerra), ③ 주거용과 상업용 부동산 중개 플랫폼의 양대 산맥으로 전 밸류체인으로 사업을 확장 중인 질로우(Zillow)와 코스타(CoStar), ④ 큰 폭의 성장이 기대되는 부동산 관리 영역의 통일을 꿈꾸는 SMS Assist에 주목한다. 향후 전 밸류 체인에 걸쳐 서비스를 제공하는 거대 플랫폼과 건설 역량을 바탕으로 경제적 해자를 구축하는 콘테크(Construction Tech) 기업 중심으로 산업이 발전할 것으로 예상한다.

2020년 9월에 발표한 삼성증권의 「프롭테크, 부동산 시장을 바꿀

Game Changer」 보고서의 내용을 요약하면 다음과 같다.

로우테크에서 프롭테크로

　부동산은 전형적인 로우테크 산업이었다. 공급자 중심으로 성장한 데다 지역마다 관행이 다른 '로컬 산업'의 특색이 강하기 때문이다. 이같이 폐쇄적이던 시장에 프롭테크가 출현했다. 프롭테크는 정보의 비대칭성을 해소함으로써 소비자의 '똑똑한 구매'를 돕는다. 데이터에 기반한 세계 프롭테크 투자액은 2011년 2억 달러에서 2018년 78억 달러로 급성장했고, 이제 단순한 정보/중개 서비스에서 인공지능과 블록체인을 결합한 프롭테크 3.0시대에 접어들고 있다. 여기에는 ① Upstream(개발)에서 Downstream(Value-add)으로 전환되는 부동산 시장, ② 부동산 소비에 있어 돈과 시간을 줄이고자 하는 밀레니얼 세대의 영향력 확대, ③ 1인 가구 증가와 IT 혁신 등 사회 구조적 변화 영향이 크다.

중개 플랫폼으로 시작된 프롭테크, 비즈니스 플랫폼으로

　프롭테크 기업들은 정보와 중개 기능을 넘어, 다수의 참여자가 유입되는 플랫폼이 되기를 원한다. 그러나 주택 중심의 B2C 시장에 노출된 대부분의 프롭테크 기업들은 방문객 수에 연동되는 광고수익에 의존하며, 경쟁이 치열하다. 반면 오피스와 리테일 등 B2B 부동산은 규격화되어 있지 않아 직접 발로 뛰어야 정보를 취득할 수 있고, 일단 고객을 확보하면 수반된 서비스 확장이 용이하다. 즉, B2B 프롭테크는 진입 장벽을 지니며 고객 재이용률이 높다. 관련 기업으로 오피스 중개 플랫폼인 '알스퀘어(비상장)'가 있다.

공유 오피스의 최종 기착지, 비즈니스 플랫폼

고전하는 '위워크'와 달리 국내 공유 오피스들은 건실한 성장 중이다. 글로벌 플랫폼을 지향하나 정작 입주사의 기본적인 요구사항에 부응하지 못한 해외 공유 오피스들과 달리, '패스트파이브(비상장)' 등 국내 상위 공유 오피스들은 핵심 권역에 가성비 높은 건물을 확보하고 한국식 오피스 문화에 맞는 빠른 서비스에 집중했다. 밀레니얼 세대가 오피스 선정 시 고려하는 최우선 조건이 가격과 입지라는 점에 파고들 것이다. 패스트파이브는 임대 외에도 교육과 MRO 등 기업이 필요로 하는 모든 오피스 솔루션을 제공하는 비즈니스 플랫폼을 지향한다. 패스트파이브의 서울 오피스 시장의 점유율은 0.3%에 불과한데, 1%만 도달한다고 가정해도 패스트파이브의 매출은 3.5배 증가할 전망이다.

데이터로 무장한 프롭테크, 기존 산업으로 침투

단지 데이터만 활용하는 프롭테크로는 돈을 벌 수 없다. 매출 성장의 한계를 극복하기 위해서는 결국 프롭테크 기업들도 실물 기반의 기존 부동산 시장에 진입할 것이다. '질로우(Z US)', '오픈도어(비상장)' 등 글로벌 프롭테크 기업들은 초창기 중개 플랫폼 역할에서 최근 iBuyer(주택을 매입해 가치 증대 후 재매각) 비즈니스에 진입함으로써 외적 성장을 추구한다. 국내 프롭테크 기업들도 수직적 확장 중이다. 알스퀘어가 인테리어와 오피스 개발로, 패스트파이브가 오피스 솔루션(교육, MRO)으로 다각화하는 것이 그 예다. 방대한 데이터로 무장한 기존 산업에 침투하는 프롭테크 기업들은 부동산 시장의 판도를 바꾸는 Game changer의 잠재력이 풍부하다.

2021년 4월 〈조선일보〉 부동산전문기자였던 이상빈 기자가 쓴 「부동산의 미래: 프롭테크」에는 다음과 같이 프롭테크를 기술하고 있다.

'맥도날드, 스타벅스, 이마트, 홈플러스, 삼성생명, 교보생명, 야놀자 등이 부동산 기업이라는 사실을 알고 있는가?'에서 출발하여 '쿠팡보다 쉽고 빨리 사는 부동산'과 '전 세계가 왜 프롭테크에 열광하는가?'와 같은 '부동산도 스마트 기술 시대', '발품 팔며 부동산 보던 시대의 종말', '목돈, 빌딩 없어도 건물주 되는 세상', '서류나 중개인 없는 간편해진 부동산 거래', '똑똑한 부동산, 어디까지 진화할까?'와 같은 '부동산을 180도 바꿔 놓은 프롭테크' 등으로 프롭테크를 보다 쉽고 재미있게 정리하고 있다.

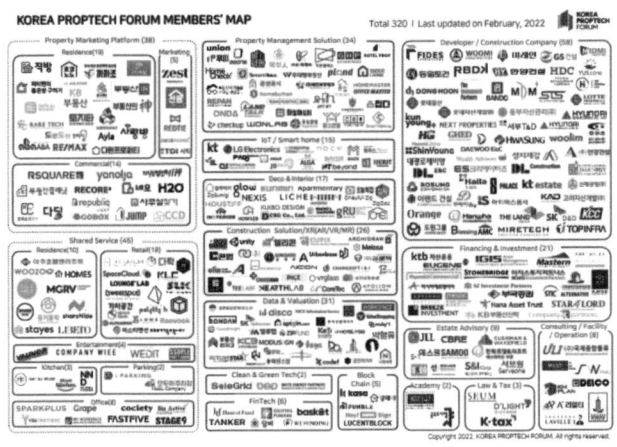

한국프롭테크포럼(KOREA PROPTECH FORUM)에서는 2018년 11월, 26개사로 출범해 현재 부동산, IT/TECH/스타트업, 금융, 학·연구

계 등 다양한 분야에서 활동하는 320개 회원사와 함께하고 있다는 소개와 더불어 2022년 3월 현재 프롭테크 스타트업 누적 투자유치금액 123개사 기준 39,602억 원, 프롭테크 스타트업 매출액 90개사 기준 10,338억 원으로 발표하고 있었다.

필자가 프롭테크만을 전문으로 강의하는 미국 캐롤라인대학교 경영학과의 프롭테크 랩에서도 프롭테크 사례연구, 프롭테크 창업과 경영, 프롭테크 마케팅 등 프롭테크와 관련된 다양한 과목을 강의하고 진화하는 프롭테크 기업의 사례를 연구하여 부동산의 미래인 프롭테크를 더욱 밝게 만드는 데 일조하고 있다.

특히 해외 프롭테크 사례연구는 공유 오피스인 위워크(Wework), 숙박공유경제인 에어비앤비(Airbnb), 스마트빌딩 전문 하니웰(Honeywell), 상업(주거)용 프롭테크 기업인 VTS에 집중하고 있으며, 국내 프롭테크 사례연구는 주거용 부동산 중개 플랫폼이면서 유니콘 기업인 직방(Zigbang), 숙박공유 플랫폼으로 시작하여 테크 데카콘 기업으로 성장하고 있는 야놀자(Yanolja), 국내 토종 공유 오피스인 패스트파이브(FASTFIVE), 부동산 권리분석전문 기업인 국내 코스닥 상장 1호 프롭테크 기업인 리파인(Refine), 국내 최대의 상업용 부동산 프롭테크 기업인 알스퀘어(RSQUARE) 등을 집중적으로 연구하여 부동산의 미래인 프롭테크가 더욱더 발전되는 방향성을 모색하고자 한다.

참고문헌

- University of Oxford Research, 「PropTech 2020: the future of real estate」, University of Oxford, 2020.02.
- 허윤경·김성한, 「프롭테크 기업, 부동산 산업의 새로운 미래」, 한국건설산업연구원, 2019.03.
- 대신증권 장기전략리서치부 글로벌부동산팀·미래산업팀, 「프롭테크(Prop+Tech) 4.0시대 부동산 산업, 새 옷을 입다」, 대신증권, 2020.07.
- 삼성증권 리서치센터 금융/리츠팀, 대체투자(OVERWEIGHT), 「프롭테크, 부동산 시장을 바꿀 Game Changer」, 2020.09.
- 이상빈, 『부동산의 미래: 프롭테크』, 쌤앤파커스, 2021.04.
- 한국경제용어사전, 한경닷컴(www.hankyung.com)
- 한국프롭테크포럼 웹사이트(www.proptech.or.kr)

김영기 KIM YOUNG GI

학력

· 영어영문학 학사·사회복지학 학사·교육학 학사 재학 중

· 신문방송학 석사·고령친화산업학 석사 수료

· 부동산경영학 박사·사회복지상담학 박사 수료

주요경력

· 미국캐롤라인대학교(Caroline University) 경영학부 교수(프롭테크전문 연구 및 강의)

· KCA한국컨설턴트사관학교 교장/총괄교수

· KBS공공기관면접관과정 전임교수

· 공공기관 NCS 블라인드 전문면접관

· 정보통신산업진흥원 등 10여 개 기관 심사평가위원

· 중소기업중앙회 소기업·소상공인 경영지원단 자문위원

· 소상공인시장진흥공단 소상공인 컨설턴트

· 서울신용보증재단 소상공인컨설턴트 및 창업강사

· 한국저작권위원회 저작권진단사업화컨설턴트

· (사)한국경영기술지도사회 창업창직단장

· 브레인플랫폼(주) 대표 컨설턴트

· 서울시·중앙대·남서울대·경남신보 창업 전문 강사

· 중앙대·경기대·세종대·강남대·한국산업기술대 강사 역임

자격사항

· 경영지도사·국제공인경영컨설턴트(ICMCI CMC)

· 사회적기업 코칭 컨설턴트·협동조합 코칭 컨설턴트

· ISO국제선임심사원(ISO9001/ISO14001)·창업지도사 1급·브레인컨설턴트·창직컨설턴트 1급·국가공인브레인트레이너

저서

· 『부동산경매사전』, 일신출판사, 2009.(공저)

· 『부동산용어사전』, 일신출판사, 2009.(공저)

· 『부동산경영론연구』, 아이피알커뮤니케이션, 2010.(김영기)

· 『성공을 위한 리허설』, 도서출판행복에너지, 2012.(김영기 외 20인)

· 『억대 연봉 컨설턴트 프로젝트』, 시니어파트너즈, 2013.(김영기)

· 『경영지도사 로드맵』, 시니어파트너즈, 2014.(김영기)

· 『메타 인지 학습 : 브레인 컨설턴트』, e경영연구원, 2015.(김영기)

· 『메타 인지 학습 : 진짜 공부 혁명』, e경영연구원, 2015.(공저)

· 『창업과 경영의 이해』, 도서출판범한, 2015.(김영기 외 1인)

· 『NEW 마케팅』, 도서출판범한, 2015.(공저)

· 『브레인 경영』, 도서출판범한, 2016.(김영기 외 7인)

· 『저작권 진단 및 사업화 컨설팅(서진씨엔에스, 쿠프, 아이스페이스)』, 충청북도지식산업진흥원, 2017.(김영기)

· 『저작권 진단 및 사업화 컨설팅(와바다아)』, 강릉과학산업진흥원, 2018.(김영기)

· 『공공기관 합격 로드맵』, 브레인플랫폼, 2019.(김영기 외 20인)

- 『브레인경영 비즈니스모델』, 렛츠북, 2019.(김영기 외 6인)
- 『저작권 진단 및 사업화 컨설팅(파도스튜디오)』, 강릉과학산업진흥원, 2019.(김영기)
- 『2020 소상공인 컨설팅』, 렛츠북, 2020.(김영기 외 9인)
- 『공공기관·대기업 면접의 정석』, 브레인플랫폼, 2020.(김영기 외 20인)
- 『인생 2막 멘토들』, 렛츠북, 2020.(김영기 외 17인)
- 『4차산업혁명시대 AI블록체인과 브레인경영』, 브레인플랫폼, 2020.(김영기 외 21인)
- 『재취업전직서비스 효과적모델』, 렛츠북, 2020.(김영기 외 20인)
- 『미래유망자격증』, 렛츠북, 2020.(김영기 외 19인)
- 『창업과 창직』, 브레인플랫폼, 2020.(김영기 외 17인)
- 『경영기술컨설팅의 미래』, 브레인플랫폼, 2020.(김영기 외 18인)
- 『공공기관 합격 노하우』, 브레인플랫폼, 2020.(김영기 외 20인)
- 『신중년 도전과 열정』, 브레인플랫폼, 2020.(김영기 외 18인)
- 『저작권 진단 및 사업화 컨설팅(더웨이브컴퍼니)』, 강릉과학산업진흥원, 2020.(김영기)
- 『4차산업혁명시대 및 포스트코로나시대 미래비전』, 브레인플랫폼, 2020.(김영기 외 18인)
- 『소상공인&중소기업컨설팅』, 브레인플랫폼, 2020.(김영기 외 15인)
- 『미래 유망 기술과 경영』, 브레인플랫폼, 2021.(김영기 외 21인)
- 『공공기관 채용의 모든 것』, 브레인플랫폼, 2021.(김영기 외 21인)
- 『신중년 N잡러가 경쟁력이다』, 브레인플랫폼, 2021.(김영기 외 22인)
- 『안전기술과 미래경영』, 브레인플랫폼, 2021.(김영기 외 21인)
- 『퇴직전문인력 일자리 활성화를 위한 '경영지도 및 진단전문가' 모델 사례연구』, 한국연구재단, 2021.(김영기)
- 『창직형 창업』, 브레인플랫폼, 2021.(김영기 외 17인)
- 『신중년 도전과 열정2021』, 브레인플랫폼, 2021.(김영기 외 17인)
- 『기업가정신과 창업가정신 그리고 창직가정신』, 브레인플랫폼, 2021.(김영기 외 12인)
- 『4차산업혁명시대 AI블록체인과 브레인경영2021』, 브레인플랫폼, 2021.(김영기 외 8인)

· 『ESG경영』, 브레인플랫폼, 2021.(김영기 외 23인)

· 『메타버스를 타다』, 브레인플랫폼, 2021.(공저)

· 『N잡러시대, N잡러 무작정 따라하기』, 브레인플랫폼, 2021.(김영기 외 15인)

· 『10년 후의 내 모습을 상상하라』, 브레인플랫폼, 2022.(김영기 외 10인)

· 『공공기관채용과 면접의 기술』, 브레인플랫폼, 2022.(김영기 외 19인)

· 『N잡러 컨설턴트 교과서』, 브레인플랫폼, 2022.(김영기 외 25인)

수상내역

· 문화관광부장관표창(2012)

· 대한민국청소년문화대상(2015)

· 대한민국교육문화대상(2016)

· 제35회 대한민국신지식인(교육분야)인증(2020)

제2장

프롭테크 비즈니스모델 현황과 사업화 전략

이승관

1. 프롭테크 국내외 시장동향

　프롭테크란 부동산(Property)과 기술(Technology)의 합성어로, 모바일 채널과 빅데이터 분석, VR(가상현실) 등 하이테크 기술을 기반으로 하는 부동산 서비스를 말한다. 프롭테크는 부동산에 대한 설계, 재무 그리고 중개 관련 소프트웨어 업체가 등장하면서 태동한 리테크(RE-Tech, Real Estate Technology)가 고도화된 개념이다.[01] 프롭테크(Proptech)는 부동산(Property)과 기술(Technology)이 결합된 용어다. 부동산 산업에 첨단 IT 기술을 접목한 서비스를 일컫는다. 세계적으로 관련 분야 스타트업이 성장하는 가운데, 국내에서도 기술을 통한 부동산 산업 혁신이 가속화되고 있다.

　프롭테크는 디지털 기술이 접목된 신산업 분야로 그 성장배경에는 디지털 전환이 자리하고 있으며, 기존의 폐쇄·비대칭적인 정보의 공개, 스마트 기기와의 접근성 강화 등의 기회에 힘입어 세계적으로 성장 중이나, 국내에서는 시장, 정보, 제도 관점의 현안과 난관으로 성장이 더딘 편이다. 프롭테크는 부동산에 대한 설계, 재무 그리고 중개 관련 소프트웨어 업체가 등장하면서 태동한 리테크(RE-Tech, Real Estate Technology)가 고도화된 개념으로 부동산은 나라마다 법 제도가 다르고 지리적 특성에 따른 지역 IT 기술이 접목되었을 때 나타나는 변화가 각

01) 네이버 <부동산용어사전>, terms.naver.com

나라마다 달라 아직 글로벌 프롭테크 기업이 등장하지는 못하고 있다.

그럼에도 불구하고 기존의 폐쇄·비대칭적인 부동산 관련 상세 정보의 공개와 스마트 기기의 접근성 강화 등의 기회에 힘입어 성장 중이며 무선 인터넷 발전과 스마트 단말기 보급, 위치기반 서비스 등으로 정보 공유 과정이 빠르고 간편해졌으며, 참여자의 범위가 크게 넓어지고 인터넷과 빅데이터 분석 기술 발전으로 부동산의 공급과 수요를 정확하고 효율적으로 연결함으로써 개발 거래 비용이 크게 낮아지고 있어 프롭테크에 대한 관심과 참여가 활발해지고 있다. 최근에는 블록체인, VR 기술을 기반으로는 메타버스와 접목되면서 새로운 기술기회를 활용할 수 있는 비즈니스모델로 성장, 발전하고 있다. 프롭테크의 비즈니스 영역은 투자 및 자금조달, 프로젝트 개발, 부동산 관리, 중개 및 임대로 크게 나뉜다.

프롭테크 비즈니스 영역

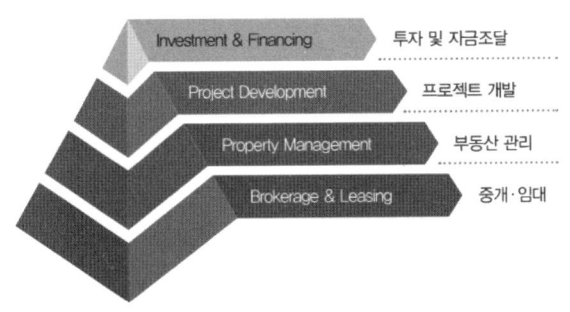

출처: JLL, KB지식비타민, SPRi 소프트웨어정책연구소

PropTech 회사의 과제는 이러한 기본 기술 중 하나에서 해당 문제 해

결 잠재력과 확장성을 갖춘 성공적인 비즈니스모델 또는 제품 또는 서비스를 개발하는 것이다. 이러한 맥락에서 SaaS 또는 DSaaS와 같은 용어가 자주 적용된다. 'Software as a Service(SaaS)'는 응용 프로그램과 데이터가 클라우드에 있고 따라서 PropTech 공급자의 서버에 있는 클라우드 서비스 모델이다. 'Data Science as a Service(DSaaS)'를 사용하면 클라우드에 전달된 데이터가 공급자에 의해 처리되고 알고리즘을 사용하여 분석되고 통찰력으로 고객에게 피드백된다.

2. 프롭테크 비즈니스모델 사례연구

소프트웨어정책연구소의 강송희 선임연구원을 비롯한 프롭테크 산업전문가들이 프롭테크 산업 및 비즈니스모델 사례연구에 따르면 2013년 부동산 스타트업 투자는 114건 4억 5,100만 달러 수준에서 2016년 277건 26억 9,800만 달러 수준으로 급증했고, 현재 평가액이 10억 달러가 넘는 비상장 스타트업인 유니콘 기업의 등장이 이어지고 있으며 100억 달러의 위워크를 비롯해 하우즈(23억 달러), 텐엑스(12억 달러), 아이우지우(10억 달러) 등이 있다. 글로벌 프롭테크 투자규모는 1=2016년 18억 23백만불에서 2019년 90억 15백만불에 이르고 있다. 2019년 기준 WeCompany는 470억 달러의 가치로 전 세계에서 가장 가치가 높은 Proptech 유니콘이다. 유니콘은 시장 가치가 10억 달러 이상인 비상장 기업을 말한다. 2020년 1월 현재 전 세계적으로 600개 이상의 유니콘이 있으며 대부분이 미국과 중국에 있다.

　우리나라는 현재 국토연구원, 한국프롭테크포럼, 한국부동산원 등이 이 산업에 대한 정책마련과 프롭테크 산업을 활성화시키기 위한 생태계를 구축하여 운영하고 있는데 이 중 한국프롭테크포럼(Korea Protech Forum)은 국내 프롭테크 생태계를 조성하고 공간의 미래를 모색하기 위해 부동산 기업과 기술 스타트업이 모인 단체로 프로테크 산업의 성장과 발전을 통해 부동산 시장의 새로운 미래를 만들어 나가고 있다. 2018년 11월, 26개사로 출범해 현재 부동산, IT/TECH/스타트업, 금융, 미래를 모색하기 위해 부동산 기업과 기술 스타트업, 학·연구계 등 다양한 분야에서 활동하는 306개 회원사로 구성되어 운영되고 있으며 종사자는 1만 7천 명, 매출액은 3조 5천억 원에 이른 것으로 추정되고 있다. 이와 관련 국토부에서는 최근 부동산 서비스, 디지털 전환과 시장신뢰성 강화로 프롭테크 산업의 도약 발판을 마련하기 위하여 공공데이터 개방 확대, 창업거점 마련 등 프롭테크 육성에 집중하고 있다.

　프롭테크 비즈니스모델은 하드웨어 측면과 소프트웨어 측면에서 다양한 비즈니스모델로 부상하여 새로운 신성장동력의 전략 산업으로 발전할 가능성이 높아지고 있다. 이와 관련 국토교통부는 프롭테크 산업을 부동산 신산업으로 전략을 추진하고 있는바 이 부동산 신산업 육성방안에 따르면 4차 산업혁명 등 기술발전에 따라 프롭테크 산업이 빠르게 성장하고 있고, 부동산 투자에 대한 관심 증가로 부동산 자문, 분양 대행 등의 업역이 새로운 산업으로 인식됨에 따라, 새로운 부동산 서비스가 지속적이고 안정적으로 성장할 수 있도록 추진방안을 마련하고 있다.

프롭테크 맵

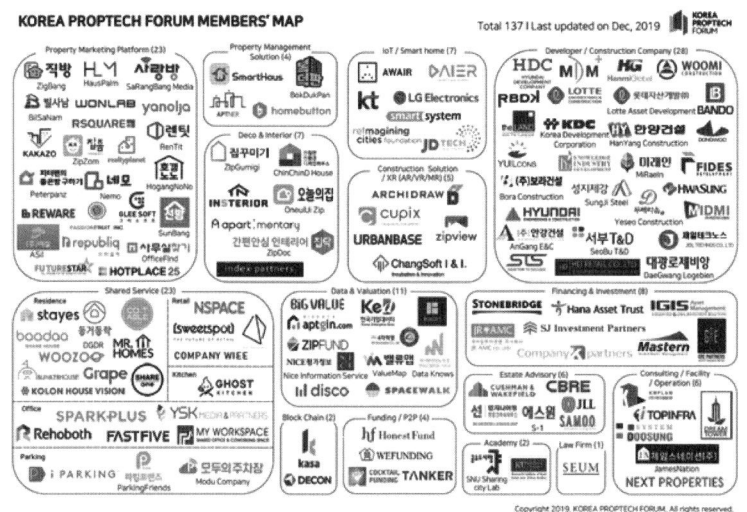

프롭테크 맵(Korea Proptech Forum Member's Map) ⓒ한국프롭테크포럼

국토교통부는 2018년 6월 부동산서비스산업 진흥법 시행에 이어 2020년 12월에는 부동산 서비스 산업 진흥 기본계획을 수립한 바 있으며 부동산 신산업 육성방안 주요 내용은 첫째 부동산 데이터 경제 기반 마련을 통하여 프롭테크 서비스의 근간인 부동산 공공데이터 개방 확대로 부동산 정보에 기반하고 있는 점을 감안하여 업계 수요조사[02]를 통해 수요가 높은 정보를 지속적으로 생산하여 제공[03]할 계획이다. 또한,

---

02) 도시계획정보, 건축물대장, 업무용 실거래가 등의 수요 多(프롭테크 85社 조사, '21.10.)
03) 아파트 단지 식별(고유번호 부여)정보('21.12.), 공장·창고·운수시설 실거래가('22) 등

데이터 활용 현황과 추가수요를 분석하여 공개 범위 일정 등을 포함한 공공데이터의 단계별 개방 전략을 수립한다. 또한 빅데이터 플랫폼 구축으로 다양한 기관에 산재한 정보와 민간이 수집한 정보 등을 효과적으로 수집·관리·활용할 수 있도록 통합 시스템 구축도 추진할 계획이다. 교통·금융·헬스케어 등 16개 분야에서 '빅데이터 플랫폼'을 구축·운영 중이다.

빅데이터 플랫폼 개념도

출처: 국토교통부

둘째 부동산 전자 계약 장착이다. 현재 사용률이 저조한 부동산 전자 계약의 법적 근거를 마련하여 공공과의 계약, 공적 관리가 필요한 계약 등의 의무화를 추진한다.

셋째는 산업발전 기반 구축 및 활성화 지원을 위한 프롭테크 빌리지 조성이다. 인재채용, 교통 및 기관교류 등 경영 환경이 우수한 곳에 프롭테크 창업 기업 등의 업무 공간을 조성한다. 우선, 기존에 서울 도심(부동산원 강남사옥)에서 제공하던 전용 사무 공간을 확장($100m^2$ →

308㎡)하여 저렴하게 이용할 수 있도록 하고('21.12.), 향후 기업 입주수요 등을 고려하여 판교2밸리, 부산 등으로 확대를 검토한다.

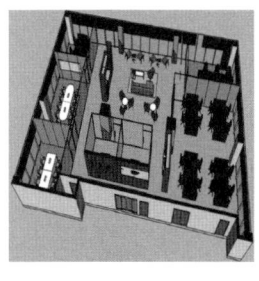
부동산원 강남사옥, 308㎡, '21.12. 리모델링 오픈

판교2밸리 기업지원허브, (案) 부동산원이 임대 입주

부동산원 부산동부사옥, (案) 보관실 인테리어 작업 후 활용

출처: 국토교통부

넷째 산업 활성화 지원을 위한 창업경진대회를 시장수요에 맞춰 개편하고, 우수한 아이디어팀에 대한 후속 교육을 내실화하며, 우수사업자 인증 시 홍보와 공공사업 가점 등 인센티브를 강화하고 프롭테크에 대한 체계적이고 지속적인 지원을 위한 한국부동산원 등을 지원센터로 지정하여 지원 사업을 운영할 계획이다.

프롭테크 산업 영역과 비즈니스모델 영역은 프롭테크 산업 관련 투자 및 자금조달, 프로젝트 개발, 부동산 관리, 중계 및 임대로 크게 구분된다. 투자 및 자금조달부문은 핀테크 기술이 부동산 시장에 도입된 것으로 크루우드 펀딩과 개인 금융 분야로 구성되며, 프로젝트 개발은 부동산 개발과 관련된 프롭테크 영역으로 건설, 인테리어 디자인, VR/3D 분야 등이 해당되며, 부동산 관리는 에너지, 사물인터넷(IoT) 센서 기술 등 스마트 부동산 기술을 기반으로 한 임차인, 건물 관리 서비스와 중개 및 임대는 부동산 정보를 기반으로 개별 부동산에 대해 물건정보 등재에서부터 데이터 분석, 자문, 중개, 광고 및 마케팅에 이르는 매매·임대 정보를 제공한다.

국내외 대표 프롭테크 기업의 사례를 보면 한국의 직방은 처음에는 원룸/투룸 등 소형 주거 시장을 목표로 했는데 이 시장은 모든 중개업자들이 진출해 있는 시장이 아니라 소수의 중개업자가 선점하고 있었다. 원룸 시장의 특징은 다가구(한 채의 건물에 여러 객실을 나누는 방식, 고시원 등)로 법적인 개념의 방 한 칸과 부동산적 개념의 방 한 칸의 개념이 달랐다.

따라서 실제 매물이 있지만 시장에 공개되어 있지 않은 원룸 매물이 많이 존재하는 바 이런 시장의 데이터가 오픈되고 스마트 디바이스에서 보여지는 점이 혁신적인 비즈니스모델로 발전하여 결국, 직방은 정보를 투명하게 전달하여, 수요자, 공급자, 중개인 모두 이익을 얻게 되어 프롭테크 비즈니스모델의 사업화의 성공모델이 되고 있다. 미국의 Zillow는 부동산 중개 및 임대 관련 서비스 업체로서 부동산 정보 게재 및 데이터 분석, 가치 평가, 자문, 중개, 광고 및 마케팅 등 부동산 전반에 대한 서비스를 제공 중이다.

아시아 태평양(APAC) 지역 프롭테크는 2007년의 단순한 디지털로 전환이었던 프롭테크 1.0에서, 2013년 즈음에는 데이터 분석, VR, SaaS

기반의 프롭테크 2.0으로, 2015년경부터는 B2B가 강화되고 블록체인 등과 접목을 시도하면서 프롭테크 3.0으로 발전하고 있다. 스마트빌딩 및 상업용의 프롭테크 기업 사례를 살펴보면 상업용 부동산 프롭테크는 기존의 스마트빌딩 시장을 포괄하며, 스마트빌딩 시장은 기존 대형 업체가 사업 영역을 강력하게 구축하고 있는 분야이다. 스마트빌딩은 스마트 기술(Smart Technology), 스마트 자산(Smart Asset), 스마트 공간(Smart Workplace)의 개념을 포괄하나, 스마트 공간은 공유경제 개념을 의미한다.

대형 업체들은 에너지, 전기, 스마트그리드, IT 등 기존에 축적된 하드웨어적 기술을 발전시켜 관리·운영 관점에서 업역을 확대하고 있다. 대표적인 업체로는 시스코(Cisco), 히타치(Hitachi), 하니웰(Honeywell), 아이비엠(IBM), 존슨 콘트롤즈(Johnson Controls), 르 그랑(Legrand), 파나소닉(Panasonic), 슈나이더 일렉트릭(Schneider Electric), 지멘스(Siemens) 등이 있다.

상업용 프롭테크 시장에서 유니콘으로 성장한 기업을 살펴보면 텐엑스(Ten-X), 컴파스(Compass), 에스엠에스 어시스트(SMS Assist) 등이 있다. 토지나 건물(Property)의 활용에 ICT(정보통신 기술), AI(인공지능) 등의 기술(Technology)을 도입하여 편의성이 높은 서비스나 제품을 만들어 내는 대처를 의미하는 '프롭 기술'을 기반으로 일본은 프롭테크 시장이 100조 엔의 거대 시장으로 전망하고 이 시장에 대한 격변 프롭테크의 충격을 줄이기 위해 핀텍(Fintech) 산업과 연계하여 시장의 전략적 진출에 대해 전문가를 중심으로 동 시장의 성장 비즈니스모델을 연구하고 있다. 이는 핀테크 산업의 성장은 돈에 관한 데이터가 이미 디지털화되었기 때문이다. 돈이 데이터로 거래·관리되고 있었기 때문에 그 위에 가계부나 클라우드 회계나 거래 앱 등의 새로운 디지털 서비스가 탄생해 온 것이다.

같은 맥락에서 부동산 업계에서는 토지·건물이 고유의 ID로 식별할 수 있어 공유된 정보를 기반으로 그 물건의 거래나 임대나 투자를 하는 사람, 모두가 볼 수 있도록 오픈 액세스한 상태로 되어 다양한 프롭테크 서비스 비즈니스모델이 생성되게 된다. 그것이 정보 비대칭성의 해소에도 연결되어 프롭테크의 발전에 있어서도 확실히 중요한 토대가 될 것이다. 중국의 프롭테크 산업은 부동산 개발, 건설, 마케팅 및 기타 연결을 포괄하는 완전한 부동산 기술 생태계를 형성하고 있으며 전통적인 부동산 회사, 인터넷 기술 회사 및 과학 기술을 유치하고 있다.

3. 프롭테크 활용 기업 기술 가치 제고방안

가치(Value)란 무엇인가? 가치는 여러 측면에서 정의될 수 있는데 그 중 대표적인 경제적 가치는 필수 기능을 총비용으로 나누어 얻어진다. 즉, 가치는 재화와 용역의 기능과 관련이 있고 더 나아가 이 기능으로부터 비롯되는 효용 즉 만족감의 크기와 관련이 있다. 이와 같은 가치공식에서 가치는 비용과 역의 관계에 있으므로 가치는 비즈니스 영역에서 중요한 관리의 대상이다. 가치는 특정 재화나 용역에서 비롯되므로 이것을 확장한다면 특정한 비즈니스 프로세스에서로 치환될 수 있고 또한 '기능' 또는 '만족감'은 일종의 무형적 자산으로 정의될 수 있다.

한편 지식, 노하우 등 무형적 자산은 기업의 경쟁우위 획득과 유지에 활용될 수 있는 중요한 자산이므로 특정한 비즈니스 프로세스에서 비롯되는 가치는 그 비즈니스 프로세스의 성과를 결정짓는 지표가 된다. 무형 자산은 기본적으로 인적 자산, 조직 자산, 기술 자산, 관계 자산 등으로 구분된다. 특히, 일반적인 자산 외에도 혁신, 투자 등 여러 개념을 설명하는 데 적용되며(Fried 2010), 장기간의 관계(Long-term relationships)에서 오는 관계적 가치는 대표적인 관계적 자산으로 분류된다.

프롭테크 가치를 도출하기 위해 기초 자산인 유형 자산을 기반으로 하는 이차적인 투자, 그리고 관계적 가치에 대한 분석을 수행하기 위한 관점에서 무형화(Intangibility)의 개념을 프롭테크에 적용된다. 프롭테크 비즈니스는 프로젝트 개발, 부동산에 대한 관리, 중개나 임대 서비스 등 다양한 비즈니스 영역으로 구성되어 있으므로 이 관련된 영역에서 공통적으로 창출되는 가치는 관련된 비즈니스를 통합적으로 이해하고 복합적으로 수행하는 데 있어서 필수적으로 이해되어야 할 요소가 되며 더 나아가 비즈니스의 경쟁우위 성과를 결정짓는 요소가 된다. 이것은 가치 프로세스와 가치창출에 대한 이해가 비즈니스에서 우선시되는 중요한 활동이라는 것을 보여 준다. 즉, 가치는 해당 비즈니스를 명확하게 특징짓는 요소이면서 동시에 관리되어야 할 요소이다.

　프롭테크 산업은 시장 관점에서 서비스 공급자가 영세하며 겸업이 금지되어 절차가 복잡하고 서비스 간 단절이 있으며, 전속 거래가 이루어지지 않아 정보 공개 유인이 부족하다. 부동산 산업은 주택임대 관리업과 중개업, 감정평가업의 겸업이 금지되고, 대체적으로 영세하게 운영되어 서비스받는 시간이 많이 소요되고 절차도 복잡하며, 서비스 간 단절로 분쟁·사고 발생 시 책임 소재가 불분명하다. 국내에는 전속 거래[04]가 이루어지지 않아 중개인들이 자신의 매물 정보를 공개할 유인이 부족하나, 외국의 Zillow나 Redfin의 경우에는 전속계약이 되어 있기 때문에 모든 매물의 정보를 공개한다.

　자본 시장은 전 세계적으로 팬데믹 저점에서 계속해서 회복하고 있으며, 몇몇 시장은 3분기 말에 기록적인 연간 투자 활동을 기록했다. 글로벌 프롭테크 시장에 대한 분석에 따르면 최근 자본 시장 규모는 각 국별로 자금유동성의 증가로 인해 연간 거래량은 미화 7,570억 달러(전년 대비 50% 증가)로 사상 최고치를 기록했다. 2021년 활동은 전년 대비 4% 증가한 것으로 추정된다. 일본과 한국과 같이 팬데믹 초기 단계에서 회복력을 보인 몇몇 시장이 최근 몇 달 동안 자본 시장 활동이 완만해짐에 따라 미주와 EMEA의 최대 경제국의 자본 시장 활동이 분기별 성장을 견인했다. 특히 고품질 코어 및 코어 플러스 자산에 대한 치열한 경쟁으

---

04) 중개대상물의 중개를 의뢰함에 있어서 특정한 중개업자를 정하여 그 중개업자에 한하여 해당 중개대상물을 중개하도록 하는 계약

로 인해 투자자들은 계속해서 위험 스펙트럼에서 더 멀리 이동하고 있다.

그러나 프롭테크 시장에 대한 관심의 증가와 포트폴리오 다각화에 대한 투자자의 초점은 시장에서 여전히 뚜렷하며, 생활부문은 이제 사무실보다 전 세계적으로 가장 활발하며 연간 거래 활동의 29%를 주도하고 있는바 글로벌 자본 시장의 유동성 확대 및 신성장 산업 분야로 등장하는 프롭테크 비즈니스모델을 활용한 수익모델의 다각화를 위한 기업기술 가치제고전략이 필요하다.

부동산 산업의 선진화를 위해서는 국내 제도 개선과 함께 해외의 프롭테크 기업 및 기술변화가 부동산 산업에 어떤 영향을 끼치고 있는지 주목할 필요가 있다. 프롭테크 산업육성 관련 제도의 정비가 단계적으로 추진되고 있는바 프롭테크 산업의 고도화는 향후 개발수요 감소로 주택이 거주 중심으로 바뀌면 Value Chain 내(內) 전방 분야(시행·시공·분양)보다 후방 분야(임대·관리·유통·생활 서비스·리모델링)의 중요성이 증가할 것으로 전망된다. 이를 이해 부동산 종합 서비스 체계가 마련되며 프롭테크 산업의 활성화를 위한 임대 관리업의 성장과 미래형 사업의 발굴이 지원될 것으로 전망되는바 이에 대한 비즈니스모델의 발굴 및 시장 참여를 위한 전략적 대응이 요구된다. 또한 영미 국가의 주요 프롭테크 기업들의 사업모델과 향후 도입 기술을 참고하여 관련 분야의 스타트업이 지속적으로 출현할 수 있는 환경조성을 위해 추진되는 정책 등에 대한 동향을 분석하여 대응방안을 마련하는 것이 필요하다.

프롭테크 산업은 글로벌 트렌드로 신성장 산업으로 부상하고 있는바 이와 관련하여 프롭테크 산업의 발전을 위한 생태계를 조성하고 기술, 정보교류네트워크를 기반으로 프롭테크 관련 업계의 기존 회사는 물론 창업 기업 등 새로운 소프트웨어 포트폴리오를 전략적으로 추진하는 기업들 모두 이러한 제품과 서비스의 부가 가치를 인식하고 직간접적인 자원과 전략적 제휴 등을 통한 활용이 필요하다. 프롭테크 산업의 발전을 위해서 요구되는 자원의 활용에 대한 동인은 확실히 비용 및 효율성 측면일 뿐만 아니라 고객의 요구 사항이기도 하다. 메타버스를 활용한 지속 가능성, 빅데이터 또는 미래 작업과 같은 메가트렌드에 비즈니스 모델을 기반으로 하는 경우 새로운 기업 기술 가치를 제고하는 방안이 될 것으로 전망된다. 또한 메타버스를 기반으로 하는 스마트 마케팅 VR 하우스 뷰는 사용자에게 온라인 하우스 뷰 경험을 제공하며 주택 매매, 주택 임대, 호텔 및 홈스테이 및 기타 시나리오에서 널리 사용되며 VR/AR/eXR 기술은 또한 시청 트래픽 및 시간 비용을 절약하고 시청 경험을 최적화하며 의사결정을 지원하게 되어 프롭테크 비즈니스모델의 사업화 및 수익모델화에 시너지 효과가 제고될 전망이다.

참고문헌

- 김재영·박승봉, 「프롭테크 비즈니스 가치창출 프레임워크(Towards a Value-Creation Framework for Protech Business)」, https://koreascience.or.kr/article/JAKO202112354514378.pdf
- 국토교통부, 「부동산서비스, 디지털 전환과 시장신뢰성 강화로 도약발판 마련」, 2021.11.30.
- 강송희, 「프롭테크 국내동향과 이슈」, SPRi소프트웨어정책연구소, 2018.07.31.
- 네이버 부동산용어사전 terms.naver.com
- 박성수·양성택, 「프롭테크(Proptech)로 진화하는 부동산서비스」, KB
- 금융지주경영연구소, 2018.02.19.(18-13호)
- 허윤경·김성환, 「프롭테크 기업, 부동산 산업의 새로운 미래」, 건설이슈포커스, CERIK한국건설산업연구원, 2019.03.
- SR건설부동산, 「한국프롭테크포럼, '업계 현황 한눈에' 프롭테크 맵 공개」
- JLL Research, Capital markets on track for recovery, despite continued unevenness, Global Real Estate Perspective November 2021 https://www.us.jll.com/en/trends-and-insights/research/global/gmp)
- 2019.12.19., http://m.srtimes.kr/news/articleView.html?idxno=52875
- KOREA PROTECH FORUM, http://proptech.or.kr/about
- JLL(2018), The Growing Influence of Proptech
- PropTech: Die 3 wichtigsten Success Drivers, https://proptechmarket.net/insights/tpost/de9gp72dg1-proptech-die-3-wichtigsten-success-drive
- https://www.statista.com/statistics/1127653/highest-valued-proptech-unicorns-worldwide/

· 加藤航介, プロップテック（PropTech）が切り開く新しい未来, WealthPark 硏究所所長, 2022.01.20., https://www.crowd-realty.com/article/wpl-013/

· 桜井 駿, 世界も遅れているプロップテック、国内100兆円市場から世界へ, 不動産版Fintech「プロップテック」が動き出す（３）, 2021.07.14.,https://xtech.nikkei.com/atcl/nxt/column/18/01687/00006/

· 中国房地产创新发展报告, 德勤研究中心, 2020年3月 https://www2.deloitte.com/cn/zh/pages/real-estate/articles/innovation-development-in-china-real-estate.html

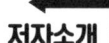 저자소개

이승관 LEE SEUNG KWAN

학력

· 성균관대학교 경영학과 박사(Ph.,D.)
· 성균관대학교 경영학과 석사(MBA)
· University of Hawaii, ICBP(Inter-Cultural Business Program) 수료
· KAIST ICT Leadership Program Course 수료(2018~2021)
· 제4차산업혁명 최고위과정 1기 수료

주요경력

· 과학기술정통부 K-ICT 창업멘토링센터 CEO멘토위원
· 한국스마트의료기기산업진흥재단 전문위원
· 한국가업승계협회 전문위원/가업승계지도사과정 강의
· (주)씨와이 자문위원/COS247사업본부(스마트뷰티)
· 한국표준협회 스마트팩토리 특화 중소기업훈련지원센터 운영위원
· 공공기관 전문면접관
· STEAM(Science, Technology, Engineering, Arts, Mathematics)융합전문가협의체 위원
· 2021 SMATEC Conference 발표(e-Cluster Based C&D Cosmetics Smart Factory

Platforms)
- 대전창조경제혁신센터 전문위원
- 중소기업기술정보진흥원 기술개발과제 평가위원
- 충북산학융합본부 전문위원(충북 바이오션 바이오원스플랫폼)
- 농림식품기술기획평가원 R&D코디네이터
- 진스랩(주), 바이오세라(주) 전문위원
- KYK환원수(주)글로벌사업본부장,전문위원
- 한국산업카운슬러협회 전문위원
- 강남노무법인 근로자카운슬링연구소장
- 경기중소벤처기업연합회 위원
- 성남산업단지관리공단 수석전문위원
- 성남하이테크밸리 융합혁신지원센터 경영혁신분과위원장
- 성남메디바이오캠퍼스 구축 및 운영
- 성남메디바이오클러스터협의회 사무국장
- 성남시 정보화추진위원회 위원
- 성남산업진흥원 부장, 전문위원
- 인천테크노파크, 울산테크노파크 책임, 실장
- 산업통상자원부 무역위원회 울산무역구제센터장
- 행정자치부 행정기관 홈페이지 평가·검증반장
- Tpage Global(주) 상무이사(e-무역상사)
- 한국종합상사 2호 주식회사 쌍용 차장 역임
- 성균관대학교 경영대학 외래교수
- 숙명여자대학교 산업정책대학원 겸임교수
- 숙명여자대학교 정보통신대학원 외래교수
- 전주대학교 경상대학 겸임교수
- 아주자동차대학 LINC+육성사업단 강사

· 경기과학대학 외래교수

· 한국기술사업화진흥협회 기술평가사, 기술경영사 강의

자격사항

· 경영지도사(30기 중소벤처기업부장관, 2016)

· NCS기반 공공기관 전문면접관

· 산업카운슬러 1급

· 커리어컨설턴트(재취업전문가)

· 경영진단사(31기 수석)

· 기술평가사

· 기술경영사

· 창업지도사

· 창업보육전문매니저

· 정교사(교육인적자원부장관)

· National Director of IO-WGCA

저서

· 『N잡러 컨설턴트 교과서』, 브레인플랫폼, 2022.(공저)

· 『공공기관 채용과 면접의 기술』, 브레인플랫폼, 2022.(공저)

· 『10년 후의 내 모습을 상상하라』, 브레인플랫폼, 2021.(공저)

· 『N잡러 시대, N잡러 무작정 따라하기』, 브레인플랫폼, 2021.(공저)

· 『메타버스를 타다』, 브레인플랫폼, 2021.(공저)

· 『ESG경영』, 브레인플랫폼, 2021.(공저)

· 『기업가정신 창업가정신 그리고 창직가정신』, 브레인플랫폼, 2021.(공저)

· 「성남하이테크밸리 스마트공장 기술 세미나-스마트공장을 위한 3D 프린팅 기술」, ETRI-SNIC, 2019.(공저)

- 「글로벌 디지털헬스케어 기술 동향」, 정보통신기술진흥센터(IITP), 2017.(공저)
- 「메디바이오/SW(ICT) 미니클러스터 교류회 연구교재」, 성남산업진흥원, 2017.(공저)
- 「스마트 헬스케어 산업동향」, 주간기술동향, 정보통신기술진흥센터(IITP), 2015.(공저)
- 「모바일의료기기 융합시장 활성화 방안」, 주간기술동향, 정보통신기술신흥센터(IITP), 2014.(공저)
- 「기술평가 전문가 교육과정 교재」, 중소기업진흥공단-중소기업중앙연수원, 2012.(공저)
- 「소재산업 분야 연구기획 전문가과정」, 고용노동부-한국섬유개발연구원, 2014.(공저)
- 「기술사업화 전문가 양성교육 교재-기술평가사/기술경영사 과정」, 한국기술사업화진흥협회, 2012.(이승관)
- 「IT융합전략」, 한성대학교 지식서비스컨설팅대학원, 2012.(공저)
- 「Bioin 스페셜 전문가리포트」, 한국생명공학연구원, 2012.(공저)
- 「KEIT PD Issue Report-융합기술 R&BD 활성화 추진전략」, 한국산업기술평가관리원, 2012.(이승관)
- 「성남시 3+3전략산업 정책보고서」, 성남산업진흥재단, 2008.(공저)
- 「성남시 게임 산업 육성을 위한 클러스터 구축 전략수립」, 경기디지털콘텐츠진흥원, 2008.(공저)
- 「인천 자동차부품산업 현황 및 발전방안」, 인천테크노파크, 2006.(공저)
- 「경인지역 기계·금속산업 인력 실태조사 보고서」, 중소기업청/인천경기기계공업협동조합, 2006.(이승관)
- 「인천서부지방산업단지 생태산업단지화를 위한 사전분석 연구(최종보고서)」, 산업자원부-송도테크노파크, 2006.(공저)
- 「Economic Cooperation and Integration in Northeast Asia-New Trends and Perspectives」, Global Cultural and Economic Research2, LIT VERLAG Berlin 2006.(공저)
- 「행정기관 홈페이지 평가 및 우수기관 선정 최종보고서」, 숙명여자대학교 정보통신대학원, 2003.(공저)

· 「울산지역 산업클러스터 사례분석 연구」, 울산전략산업기획단-울산대학교, 2004.(공저)

수상내역
· 산업통상자원부 장관상

· 산업연구원장상

· 성남시장상

· 성남산업진흥원장상

· 한국의료기기공업협동조합 이사장상

· 한국스마트의료기기산업진흥재단 이사장상

· 한국산업카운슬러협회 원장상

· 한국생산성본부장상

· 주식회사 쌍용 대표이사상

SNS
· https://m.facebook.com/seunggwan.i

제3장

프롭테크를 통한 부동산 산업의 기술혁신

김정혁

1. 들어가며

디지털 트랜스포메이션과 코로나 쇼크, 기후위기 등으로 인해 사회 경제 정치 등 모든 분야에서 '급격한 대전환'을 맞이하고 있는 세상은 매우 빠른 속도로 변하고 있다. 특히 기술의 경우에는 우리가 전혀 상상할 수 없었던 방식으로 삶의 모든 영역에 영향을 미치고 있다. 그동안 부동산은 신기술을 도입하기 어려운 분야로 알려져 있었지만, 최근 들어 기술혁신을 바탕으로 부동산에도 커다란 변화가 일어나고 있고, 앞으로도 이 변화 속도는 더욱 빨라질 것이다. 부동산 역시 그 기술변화를 피할 수 없다.

2006년 1월부터 우리 정부는 부동산 실거래가 신고제도가 시행되고, 국토교통부에서 부동산의 실거래 가격, 공시지가 등의 가격 정보를 제공함으로써 부동산 시장에 정보접근성을 향상시키기 위한 제도적인 체계를 구축하였다. 최근에는 국토교통부가 '제1차 부동산서비스산업 진흥 기본계획(2021년~2025년)'을 발표하여 부동산 서비스 산업의 고부가가치화와 신뢰확보를 위한 제도적 기반을 마련하였다. 이러한 시대적 흐름과 정보통신 기술의 비약적인 발전과 더불어 부동산 시장에 필요한 정보를 신속하고 효율적으로 제공해 주기 위한 민간 기업이 많이 발전하게 되어, 프롭테크(Proptech)라는 새로운 산업 영역을 칭하는 용어가 생겨났다.

프롭테크라는 용어는 많이 사용되고 있지만, 용어를 사용하는 전문가마다 개념의 의미를 각기 다양하게 정의하고 있기에 프롭테크라는 용어가 정확하게 무엇을 의미하는지 개념이 명확하게 잡혀 있지 않다. 프롭테크(Proptech)는 부동산 자산(Property)과 기술(Technology)의 합성어다. 부동산과 IT를 접목한 새로운 부동산 서비스인 프롭테크를 통해 고객과 소통 강화는 물론, 수주 경쟁력까지 확보할 수 있다. 모바일 채널과 인공지능(AI), 빅데이터 분석, 블록체인 등 하이테크 기술을 기반으로 하는 부동산 서비스를 말한다.

2000년대 등장한 인터넷 부동산 시세조회·중개 서비스에서 기술적으로 더 성장했다. 프롭테크 비즈니스 영역은 크게 중개 및 임대, 부동산 관리, 프로젝트 개발, 투자 및 자금 조달 분야로 분류할 수 있다. 인공지능, 빅데이터 분석, 블록체인 등 4차 산업혁명이 우리 생활에 적용되면서 새로운 기술의 적용이 가장 느리다는 부동산 서비스에도 이러한 기술이 결합되어 비대면으로 부동산 정보를 제공하고, 증강현실(AR), 가상현실(VR) 등으로 건물을 둘러보고 전자 계약을 하고, 사물인터넷이 적용된 건물에서 생활하는 등 많은 부분에서 프롭테크를 경험할 수 있을 것이다.

필자는 책을 쓰기 전까지 프롭테크란 용어를 들어 본 적이 없었다. 책을 쓰면서 길을 가다가 공인중개사 사무소를 지나치는데 의외로 프롭테크란 용어를 붙여 놓은 부동산들이 눈에 띄었다. 정보 기술을 결합한 부동산 서비스 산업 발전으로 프롭테크를 통한 부동산 산업의 기술혁신에 기대해 본다. 보수적이기로 유명한 부동산 산업에 조금씩 변화의 바람이 불고 있다. 부동산 중개인 대신 앱으로 매물을 찾고, VR로 집 내부를 들여다보거나 가구를 미리 배치해 보며, 커피 한 잔 값만 있으면 주식처럼 부동산 투자를 할 수 있다. 이 모든 것을 가능하게 해 주는 것이 바로 '프롭테크(Proptech)'이다.

향후 미시적 관점에서 프롭테크 비즈니스 중 무엇이 뜨고, 이 부동산 산업에서 몸집을 키우고 있는 기업은 어디인지, 우리가 프롭테크를 통해 부동산 산업에서 어떤 기회를 얻을 수 있는지 알려 주는 것은 물론, 거시적 관점에서 프롭테크가 그간 부동산 산업의 어떤 고질적 문제들을 해결하며 급부상할 수 있었는지, 궁극적으로 이것이 산업뿐만 아니라 우리 삶을 어떻게 진화시켜 나갈 것인지, 마치 그 미래의 모습이 눈앞에 생생히 그려지는 듯하다. 이에 프롭테크 시장을 주도하는 업체들의 경쟁도 상당히 치열해지고 있는 실정이다.

2. 부동산 산업의 새로운 패러다임

1) 프롭테크 부동산 시장과 IT 기술

수많은 사람이 부동산 산업에 관심을 갖고 있다. 기술은 보통 형태도 없이 믿을 수 없을 정도로 빠르게, 끊임없이 성장해 왔다. 이제 기술은 부동산 산업도 변화시킬 것이다. 실제로 부동산 업계가 기술혁신에 힘입어 많은 변화가 일어나고 있다. 이에 따라 프롭테크는 금융 기술 32%, 공유경제 32% 건설 기술 26%, 스마트홈 10%. 프롭테크는 정보, 거래, 관리, 제어로 구성. 핵심 요소는 하드웨어 및 소프트웨어 개발, 모바일 통신 및 연결성, 인터넷. 이 세 가지 핵심 요소가 결합해 프롭테크 산업의 발전 속도를 높이고 있다.

프롭테크는 부동산 투자와 개발, 그리고 우리의 생활을 무한히 넓혀줄 거대한 영역이다. 그 이유는 스마트폰으로 금융 업무를 모두 볼 수 있는 사회로서 핀테크 분야가 있기 때문이다. 또한 일상생활 방식과 부동산 개발 방식을 바꿀 수 있는 공유경제, 스마트홈과 콘테크 분야가 여기에 속한다. 좋든 싫든 변화가 오고 있다. 그래서 프롭테크에 대해 더 많이 배워야 한다. 누구든 새로운 패러다임을 멈추게 할 수는 없을 것이다. 자신의 부동산 세계에 프롭테크 부동산시장과 IT 인프라를 바탕으로 우리 생활 방식과 부동산 활용 방식을 개선하고 노력한다면 미래는 꾸준히 변화할 것이다.

2) 프롭테크 산업의 장점

프롭테크 산업의 장점은 편리함과 정보 불평등 해소이다. 첫째, 편리함은 구매자가 집을 구할 때 발품을 파는 시대는 지났다. 직방, 다방으로 매물을 확인하고 부동산에 전화를 해 실제 매물을 확인할 수 있다. 예전의 집을 구하는 때보다 훨씬 편리해진 것이다. 임대인 입장에서도 편리함은 마찬가지일 것이다.

둘째, 정보 불평등 해소로 부동산 정보를 이제는 손쉽게 스마트폰으로 확인 가능한 시대이다. 대중교통을 이용할 때 잠깐 휴식시간에도 우리는 수많은 정보를 얻고 있다. 이제는 부동산 정보도 그렇게 얻고 있는 시대가 현실에 다가온 것이다. 일일이 발품을 팔아서 정보를 수집하던 시대는 지나가 버렸다. 더욱이 지금은 빅데이터를 기반으로 원하는 정보를 손쉽게 얻을 수 있다. 이에 따라 프롭테크는 예전의 정보 불평등을 해소시키는 역할을 하고 있다. 기술의 발전이라는 게 정말 편리하면서도 빠르게 우리 생활에 영향을 미치고 있는 거 같다.

3) 프롭테크 역할과 중요성

부동산 시장은 고질적 4가지 문제인 정보의 비대칭성, 값비싼 거래비용, 비효율적인 활용, 복잡한 거래 절차로 아주 더디게 성장해 가고 있다. 하지만 최근 프롭테크가 이 고질적 문제들을 편리하고 효율적인 방식으로 진화시켜 시장은 물론 소비자들을 사로잡았다. 가령 빅데이터 분석을 통해 매물 정보를 제공하는 에어비앤비, 위워크, 직방, 다방, 호갱노노 같은 프롭테크 기업이 늘면서 우리는 이미 이용하고 있다. 소비자는 발품을 파는 대신 앱 하나면 매물 정보는 물론 주변 인프라까지 한 번에 알아볼 수 있게 되었다.

큐픽스나 어반베이스는 VR, AR 기술을 이용해 부동산 3D 가상 투어를 제공하거나, 현실과 똑같은 가상 공간에 3D 제품을 배치해 볼 수 있는 서비스를 제공하는데, 역시나 발품을 팔지 않고 집을 보거나 실측하지 않고 원하는 제품을 원하는 자리에 배치해 볼 수 있어 소비자의 번거로움을 줄여 준다. 카사코리아는 상업 부동산을 디지털 증권으로 쪼개어 팔아 단돈 5,000원만 있어도 투자할 수 있고 이를 통해 건물 수익을 받게 해 주는데, 블록체인을 이용하여 중앙감독 기관 없이도 신뢰할 만한 전자거래를 가능하게 해 주고 있다.

매물 중개, 투자와 같은 부동산 거래 방식뿐만 아니라 프롭테크는 건설 현장이나 주택, 건물 관리 같은 비즈니스 영역에서도 두각을 드러내고 있다. 가령 건설 현장에 로봇이나 드론, 3D 프린팅 기술 등을 도입해서 훨씬 빠르고 적은 비용으로 건물을 짓거나 현장을 관리해 효율을 높여 주면서 인부들의 안전도 지켜 준다. 또 주택이나 건물 관리의 경우 건물 내부에 인공지능 자동화 시스템을 도입한 스마트빌딩으로 만들어 자원을 절약한다. 그뿐만 아니라 가전이나 가구 업계와 연계하여 이용자의 데이터를 모으고, 이용자 컨디션을 최상의 상태로 유지하게끔 해 주는 스마트홈을 구축하는 데에도 중추적인 역할을 하고 있다. 특히 스마트홈은 미래 먹거리로 통신사, 건설사, IT 기업, 가구, 가전 업계가 다 뛰어들어 투자할 만큼 주목받는 분야이다. 이 때문에 프롭테크의 역할과 중요성이 커지고 있어 부동산 산업 안에서 프롭테크는 점점 더 주요 영역으로 자리 잡을 것이다. 국내외 프롭테크 기업들이 주목받으면서 해외에서는 유니콘(기업 가치 10억 달러 이상)뿐만 아니라 데카콘(기업 가치 100억 달러 이상)도 나오고 있는 실정이다. 이에 따라 프롭테크의 발전이 새로운 경제발전의 한 축을 담당할 것으로 생각된다. 또한, 프롭테크의 발전으로 편리한 생활도 기대가 되지만 새로운 아이디어를 발굴해 도전하는 기회가 될 수 있다고 기대해 본다.

3. 국내외 프롭테크 산업의 동향 및 전망

국내 프롭테크(Proptech) 산업이 최근 괄목할 만한 성장세를 보이고 있지만 글로벌 시장과 비교하면 아직 '걸음마 단계'에 불과한 것으로 나타났다. 성장 속도가 더딘 것은 물론 여전히 매물 중개, 공유경제부문에 치우쳐 있어 부동산 산업 전반의 구조적 변화를 이끌기에는 동력이 부족하다는 지적이 나온다. 정부가 신성장동력을 창출한다는 차원에서 관련 규제를 과감하게 걷어 내고 투자자 발굴을 위한 지원책을 적극적으로 펼쳐야 한다고 제언한다.

2017년 이후 글로벌 프롭테크 시장이 급격하게 성장하였고, 부동산 산업의 새로운 성장동력으로 인식되고 있다. 이에 최근 프롭테크 산업이 뜨거운 감자로 대두되고 있다. 2020년 프롭테크에 대한 평균 투자 규모는 약 314억 원으로 2019년 대비 59% 급증한 것으로 나타났다. 2021년 12월 22일 ESCP경영대학원이 발간한 「글로벌 프롭테크 트렌드 2021」에 따르면 2020년 기준 전 세계 64개국에서 프롭테크 기업 1,724개사가 운영되고 있는 것으로 나타났다. 이들 기업에 투자한 회사는 총 3,118곳으로 2000년부터 2019년까지의 누적 투자금만 844억 달러로 확인됐다. 우리 돈으로 약 100조 원에 달한다. 한국프롭테크포럼이 집계한 국내 프롭테크 기업의 누적 투자금 1조 6,914억 원과 비교하면 약 60배 큰 규모다. 이에 따라 국내 프롭테크 시장이 치열해지면서 스타트업이 초기부터 동남아 시장을 중심으로 해외 개척에 주력하는 추세도 엿보인다. 정부의 정책적 지원과 함께 건설, 부동산 업계의 디지털 전환 가속화 추세에 힘입어 프롭테크 산업의 가파른 성장 속에 창업 초기부터 해외 시장을 과감히 공략하는 기업들이 잇따라 프롭테크 산업의 성장은 향후 지속될 전망이다.

1) 국내 프롭테크 혁신 기업

국내 프롭테크 산업 성장을 위해 정부가 적극적으로 지원책을 내놓았다. 정부는 프롭테크를 유망 신산업으로 규정하고 산업 육성을 위한 기반을 조성하겠다는 방침을 내놨지만 업역 간 시너지가 어려운 칸막이식 규제 등이 여전히 성장을 가로막고 있다는 지적이 나온다.

프롭테크 혁신 기업 측면에서 기술 접목을 통해 단순히 서비스 품질을 개선하는 단계에 머무를 게 아니라 기존에 없던 분야, 내용 등으로 새로운 시장을 창출하는 방향으로 나아가야 할 것이다. 한편 우리나라는 상대적으로 늦은 시기에 프롭테크 산업에 관심을 가졌음에도 불구하고 제공하는 정보와 종류가 다양하고 내부적으로 축적하고 있는 정보도 유용하기 때문에 국내 프롭테크 혁신 기업의 성장이 기대된다. 더불어 국내 프롭테크 처음 시작인 직방, 어반베이스, 온다 등도 매물을 매수자에게 플랫폼을 통해 소개해 주는 것으로 시작되었다.

부동산 애플리케이션 '직방'은 프롭테크로 건설 분야의 혁신을 도모하고 언택트 시대의 주거 문화를 선도하기 위해 롯데건설과 업무협약(MOU)을 맺었다. 직방과 롯데건설은 파트너십을 통해 각 사가 보유한 역량과 인프라를 연계해 미래지향적인 사업모델을 구축할 예정이다. 직방은 자체 개발한 가상 공간인 '메타폴리스'에 3D 모델하우스를 만들어 관람하고, 분양 사무소에서 상담사와 대화를 진행할 수 있는 공간을 마련해 고객들이 더욱 편리하게 모델하우스를 관람할 수 있는 서비스를 제공할 계획이다. 그뿐만 아니라 직방의 VR, 3D, 빅데이터, 메타버스 등 자체 기술을 통해 롯데건설이 주택 사업 전반에서 디지털 전환에 속도를 높이고 메타버스를 통해 고객과의 소통을 강화할 수 있도록 도울 방침이다.

3D 공간데이터 플랫폼 '어반베이스'는 2D로만 볼 수 있었던 건축도면을 3D입체화면으로 자동 변환하는 기술을 개발해 프롭테크 시장을 개척하고 있다. 어반베이스는 올 5월 금융위원회가 산업통상자원부, 중소벤처기업부 등 협업 부처와 함께 미래혁신을 선도할 대표 기업을 선정하는 프로젝트 '혁신 기업 국가대표 1000'에 선정됐다. 여기에 코로나로 폭발적으로 수요가 늘어난 비대면, 메타버스 등 메가트렌드에 대응 가능한 기업으로도 주목받고 있으며, 2019년 일본 법인 설립 이후 일본 대표 부동산 기업들과의 계약을 체결하고, 싱가포르 굴지의 부동

산 플랫폼과도 사업을 논의 중으로 동남아 진출도 엿보고 있다.

숙박 B2B 플랫폼 '온다'는 최근 프롭테크 시장을 개척하는 스타트업으로 이름을 올렸다. 온다는 업계 최대 규모인 40만여 개에 달하는 국내 숙박 상품을 IT 기술을 통해 유통하고 있다. 현재 숙박 상품 판매 중개(GDS), 숙박 관리 시스템(PMS), 호텔매니지먼트(HM) 3개 사업 분야를 전개 중이며, 숙박 위탁 운영 브랜드 '쏘타컬랙션(SoTA: Collection)'을 론칭했다.

코오롱베니트의 프롭테크 사내벤처인 부동산 매칭 플랫폼 '리얼리랩'은 1인 독립 기업으로 분사해 본격적으로 서비스 고도화에 나서고 있다. 리얼리랩이 출시 예정인 '리얼리' 앱은 수요자 맞춤형 부동산 인공지능 컨시어지 플랫폼을 지향하는 서비스다. 이 서비스는 거래에 초점을 맞춘 기존 부동산 앱과 달리 부동산 매물을 찾는 매수자의 기준에 가장 적합한 물건을 추천해 주는 것이 특징이다. 매수자가 자신의 활동 지역, 대중교통 소요시간, 선호하는 평형 등을 입력하면 AI 알고리즘을 기반으로 수요자에게 가장 적합한 지역의 매물이 추천된다. 후보 지역 주변에 학원, 공원, 안심귀가거리, 기피시설 등의 유무도 선택할 수 있어 최적의 주거 환경을 선택할 수 있다. 리얼리랩은 지난 1년 동안 한국부동산원, 금융감독원, 생활안전지도 등 공공데이터를 포함해 총 77개 기관의 외부 데이터를 분석했으며, 최적 매물 추천, 대중교통 기반 소요시간 측정, 예상 거래가 도출 등 다양한 알고리즘 서비스에 대한 특허 및 상표권 출원도 진행 중이다.

2) 해외 프롭테크 시장

글로벌 프롭테크 시장은 최근 들어 급격하게 성장했고, 부동산 산업의 새로운 성장동력으로 인식되고 있다. 2013년 이후부터 프롭테크에 대한 투자가 증가하여 2017년에는 규모가 130억 달러에 달하였고 최근 들어 2000년부터 2019년까지의 누적 투자금만 844억 달러(약 100조 원)로 확인됐다. 벤처 캐피털의 프롭테크 투자도 급격하게 확대되고 있는 추세다. 글로벌 프롭테크 시장에서는 기업의 폭발적인 성장세가 확인되고 있으며, 다양한 업태의 시장 참여자들의 적극적인 진출이 이루어지고 있다.

프롭테크에 강한 여러 나라를 보면 발 빠른 공공데이터 개방이 있다. 우리나라로 치면 직방, 다방 등과 비슷한 미국 부동산 업계의 '아마존'이라고도 불리는 질로우(Zillow Group, 티커: ZG)는 온라인 부동산 플랫폼을 앱 형태로 제공하는 기업이다. 질로우는 2006년에 마이크로소프트의 전직 임원이자 여행플랫폼인 익스피디아의 설립자들인 리치 바튼과 로이드 프링크가 설립한 회사이다. 질로우는 처음에 광고 게재를 판매해 수입을 올리는 미디어업을 사업모델로 시작했으나, 2009년에 질로우 뉴스페이퍼 컨소시엄을 만들어 180여 개 신문사에 부동산 검색엔진을 빌려주는 사업을 시작했다. 현재 질로우는 부동산 정보 제공은 물론 임대, 매입, 모기지, 매각 등 부동산 관련 모든 서비스를 제공하고 있다.

영국의 '퀄리스플로(Qualis Flow)'는 건설 환경 위험을 모니터링하고 예측하기 위한 클라우드 기반 소프트웨어이다. 런던에 기반을 둔 스타트업은 계약자가 프로젝트의 환경 위험을 추적, 모니터링 및 예측하여 전체 탄소를 줄일 수 있도록 도와준다. 규정 준수, 자동화된 보고 및 의사결정 최적화를 지원한다. 이는 사물인터넷, 빅데이터, 머신러닝 기술 등을 적용해 부동산 개발 공사 현장에서 발생할 수 있는 환경적 영향을 예측·관리하는 플랫폼을 개발했다. 공사 현장을 실시간으로 원격 모니터링한 뒤, 축적한 데이터를 시각화해 환경오염과 이웃들에게 미치는 피해를 최소화하는 게 퀄리스플로의 목표이다.

영국의 '스카이룸(Skyroom)'은 지리 공간 데이터를 분석해 런던 시내 건물의 개발 가능한 옥상을 찾아내고 여기에 조립식 주택을 짓는 비즈니스모델을 추진 중이다. 스카이룸은 기존 건물의 옥상을 활용하면 런던에 최대 63만 채의 새집을 지을 수 있다고 한다.

브라질에서 모든 과정을 디지털화한 업체는 '로프트(Loft)'가 최초다. 브라질은 낮은 금리, 부동산 가격 상승 등으로 브라질 사람들의 브라질 부동산 시장 참여가 확대되고 있다. 부동산 매물검색 및 거래를 편리하게 해 주는 Loft 등 프롭테크 기업도 급속히 성장하고 있는 추세이다. Loft는 2018년 설립된 신생 기업이지만 3년 만에 브라질 4대 유니콘 기업으로 등극하였고 세계 프롭테크 기업 10위 안에 올랐다. 투자자들은 Loft의 성장성을 밝게 보고 있으며 매년 투자액이 기록을 갱신하고 있다. 퀸토안다르(QuintoAndar), 엥카자(EmCasa) 등 타 프롭테크 기업들도 성장세를 거듭하고 있다.

4. 프롭테크를 통한 부동산의 변화

현재 프롭테크는 많은 부분이 현실로 구현되어 우리 생활에 다방면으로 기술의 변화가 일어나고 있다. 프롭테크 부동산 산업은 해가 갈수록 가파른 속도로 성장하고 있고 이에 따라 파생되는 부가 가치와 자금의 흐름은 주목할 만한 가치가 있다. 우리의 현실이 된 프롭테크 산업의 미래, 생활의 변화와 프롭테크 산업의 경제적 효과 그리고 그것이 차지하는 프롭테크의 향후 트렌드에 대해 정리하였다.

1) 프롭테크 산업의 미래, 생활의 변화

딱딱할 것만 같았던 부동산 업계에도 변화의 바람이 불고 있다. 프롭테크 산업에 주목해야 하는 이유는 프롭테크 기술이 우리 생활의 많은 부분을 변화시키고 있기 때문이다. 좋은 부동산을 얻기 위해 발품을 팔아야 한다는 것은 옛말처럼 생각한다. 지금도 많이 사용하고 있는 여러 프롭테크 플랫폼과 애플리케이션을 사용해 그 지역 부동산 매물과 가격을 알 수 있기 때문이다. 가격만 아니라 각종 4차 산업 기술을 통해 그 지역의 특징이나 호재 특수 등을 빅데이터로 추려 알 수도 있다. 더 나아가 AI에 의해 내가 원하는 조건에 딱 맞는 지역을 추천받을 수도 있게 된다.

　프롭테크 산업이 좀 더 발전한다면 공인중개사의 일을 관리하는 IT 기업이 생길 수도 있다. 더 나아가서 프롭테크 기술은 매매의 경우에만 특화되어 발전하는 것이 아니고 최근에는 건설이나 건축에 있어서도 발전하고 있다. 이처럼 현재 프롭테크 기술은 중개 서비스에서 나아가 건축, 부동산 관리, 인테리어, 공유경제, 투자·핀테크 등 부동산 관련한 모든 분야 전반에 걸쳐 혁신적인 서비스로 거듭나면서 우리 생활에 공급된다. 이에 따라 부동산 산업이 IT 기술을 만나 무한하게 확장할 수 있는 시대가 된 것을 우리는 쉽게 확인할 수 있다.

2) 프롭테크 산업의 경제적 효과

　새로운 혁신적인 기술이 도입될 때마다 조직 혹은 사회 내에서 혁신적인 기술의 수용 가능성에 대한 논의가 끊임없이 이루어져 왔다. 프롭테크 산업 기술의 도입과 관련해서도 유사한 상황이 전개될 것으로 생각된다. 이러한 신기술들은 인간 능력의 한계를 뛰어넘는 경제적 효과를 가져다줄 수도 있지만, 동시에 고용 구조, 산업 구조, 시장 구조의 변화를 가져올 수도 있다.

　프롭테크 산업의 성장은 다양한 투자를 유도했고 이는 여러 산업혁명 기술을 융합한 새로운 플랫폼 개발을 자극하였다. 이러한 새로운 플랫폼들의 개발은, 부동산 중개, 관리, 매매, 투자 시 관련 수요자들에게 필요한 절대적인 비용과 시간을 혁신적으로 줄일 수 있게 한다. 또한 관련 산업이 성장하며 창출하는 경제적 부가 가치도 상당하다. 또한 부동산 관련 정보를 빠르고 쉽게 높은 수준으로 접할 수도 있고 관련 산업이 성장하면 부가 가치도 창출뿐만 아니라 인력 수요가 늘면서 다양한 일자리 창출은 물론 창업도 늘어나는 추세이다.

3) 프롭테크의 향후 트렌드

정부가 프롭테크 산업을 전격 육성하는 이유는 발전 가능성이 높다고 판단하기 때문이다. 실제로 IoT, 빅데이터, VR 등의 기술이 어떻게 부동산을 바꿀 수 있는지 보여 주는 스타트업이 속속 등장하여 성장하고 있다. 시공 단계에서 드론을 야외에 날려 사진 촬영하고, 사진을 통해 비교 분석하는 서비스를 선보이는 엔젤스윙이나 건물을 지을 때 실내를 확인할 수 있도록 하는 큐핏 등이 대표적이다.

향후 프롭테크의 트렌드를 살펴보면 첫째, 빅데이터는 부동산 거래 시에 구매자에게 필요한 부동산 정보, 집을 찾는 데 의사결정이 빨라질 수 있도록 도와주는 역할을 한다. 둘째, 지리위치(Geolocation)는 구매자 위치 정보를 얻고, 이를 기반으로 길 안내, 부동산 정보를 제공한다. 셋째, 드론으로 부동산과 그 주변을 360도 전경으로 영상화 가능, 부동산을 정확하고 빠르게 보여 줄 수 있을 것이다. 넷째, 증강현실로 가상의 주택을 구현해 볼 수 있고, 가상현실 앱을 활용하여 중개인이 고객에게 상세한 설명이 가능해진다. 다섯째, 사물인터넷 IoT는 건물 센서를 인터넷에 적용하여 건물 전체를 현상 파악, 조치 가능한 디지털 데이터로 전송할 수 있어 건물이 스마트화된다. 여섯째, 블록체인을 활용하여 부동산에서 중개자 역할 필요성이 줄어들고 향후 투명성이 확대되면서 부동산 시장 유동성이 향상될 것이다. 일곱째, 인공지능(AI)을 통한 부동산 중개인 업무를 지원하고, 구매 잠재력이 높은 구매자에게 자문 서비스를 제공한다.

5. 마치며

부동산은 느리게 변화하는 산업이지만 기술이 부동산에 변화를 빠르게 가져올 수도 있다는 것은 부인할 수 없는 사실이다. 그리고 이미 공유경제와 기술 혁명이 많은 변화를 영국에서 가져왔다는 것을 알 수 있다. 몰랐으면 모를까, 알게 된 이상 공부하고 연구하고 확인하고 현업에 써먹는 것이 부동산 시장을 알려는 사람의 본분을 지키는 것이다. 프롭테크는 인터넷과 모바일을 활용한 디지털 플랫폼으로, 부동산계에 일상화되고 이미 우리 생활 가까이에 와 있다.

이 책을 쓰기 시작하기 전부터 프롭테크가 무슨 말인지 궁금했고 검색해 본 결과 내가 공부하고 있는 공학과 관심 있는 부동산을 합친 단어라는 점이 관심이 가서 책을 쓰게 되었다. 부동산과 관련된 여러 영역이 시대변화에 맞춰 변화하고 있다는 사실과 그 변화를 예측하거나 변화에 함께 변화하는 것이 필요하다는 생각이 들었다. 매물 중개, 임대, 투자, 자금 조달, 전자 계약 등 부동산을 거래하는 방식부터 스마트홈·스마트빌딩·스마트시티 같은 건설 및 관리 방식까지 기존의 방식을 뒤엎고 우리의 삶과 부동산을 변화의 미래로 이끌 프롭테크의 부동산 산업이 우리의 삶을 어떻게 혁신시킬 것인가에 대한 관심을 가져야 한다.

많은 부동산 신기술과 기업들의 발전 가능성, 긍정적인 전망에도 불구하고 부동산 시장은 아직 더 많은 혁신과 발전이 필요하다. 시장이 거대하고 보수적인 성격 탓에 짧은 시간에 많은 변화를 이끌어 내기는 어렵겠지만, 투명하고, 모두에게 유용하며, 더 많은 사람에게 공평한 기회를 주는 착한 기술인 프롭테크야말로 부동산 시장의 혁신을 주도할 대안이 될 것이다. 무엇보다 우리가 마주할 미래에는 프롭테크가 지금보다 훨씬 더 우리 생활에 깊숙이 들어와 많은 영역에서 영향을 끼칠 것이다. 자율주행 로봇, 자율주행차, 드론이 주요 운송 수단이 되고, 스마트홈과 스마트빌딩이 들어서며 도로나 인도, 도시의 모든 자원이 자동화 시스템으로 관리되는 스마트시티가 궁극적으로 우리가 살게 될 세상이라면, 프롭테크를 빼고 더는 부동산을 논할 수 없게 된다.

이처럼 프롭테크는 부동산 시장의 차기 성장동력으로서, 다양한 부동산 비즈니스 영역에서 더욱 입지를 넓히고 굳건히 할 것이다. 따라서 지금까지는 입지나 그간의 부동산 성공방정식에 주목해 왔다면 앞으로는 부동산 시장 안에 스며든 기술과 프롭테크를 세밀하게 살펴보아야 한다. 프롭테크야말로 앞으로 부동산을 짓고 관리하고 그 가치를 평가하는 기준이 될 것이기 때문이다. 부동산의 미래가 어떤 방향으로 흘러가게 될 것인지, 우리의 삶이 어떤 방향으로 변화하게 될 것인지 궁금하다면 프롭테크에 주목해야 할 것이다. 건설사, 공기업, 지자체, 디벨로퍼, 프롭테크 업체, 금융, 인테리어, 스마트홈 업체, 부동산 개발 업체는 물론이거니와 부동산 영역에서 새로운 인사이트와 비즈니스 기회를 노리는 관심 있는 사람이라면 공부를 해야 하는 이유이기도 하다.

도무지 변화가 없을 것 같은 부동산 시장에도 매일매일 혁신은 일어나고 있다. 목돈을 모아 부동산을 소유하기만 하던 시대는 지났다. 강남의 아파트값이 수십억이 될 거라고 미리 예상한 사람이 얼마나 되겠는가? 하지만 변하지 않는 사실은 여전히 정보로 싸움이 된다는 것이다. 부동산 시장의 변화를 미리 감지하는 데 이 책의 정보를 통해 도움이 될 거라 확신한다. 프롭테크가 만든, 또 만들어 갈 부동산의 기술혁신의 미래를 확인하고 준비하길 권하고 싶다.

- 리차드 W J브라운, 『PROPTECH:부동산 기술은 어떻게 세상을 바꾸는가』, 김병직 외 2인, 무블, 2021.
- 이상빈, 『부동산의 미래: 프롭테크』, 쌤앤파커스, 2021.
- KB금융지주 경영연구소, 「KB지식비타민: 프롭테크로 진화하는 부동산 서비스」, 2018.
- 김성환, 『프롭테크와 부동산서비스의 발전』, 국토, 제455호, 2019.
- Brain Consultant, 『100조 글로벌 프롭테크 시장서 한국은 걸음마』, 부동산360, 2021.
- 국토교통부, 「제1차 부동산서비스산업 진흥 기본계획 발표」, 2020.
- jouleekim, 「국내 프롭테크 산업 동향 및 전망」, 산업은행미래전략연구소, 2021.
- 황현민, 「현실로 다가온. 프롭테크를 통한 부동산 혁신」, 기획재정부, 2021.
- 최규술, 「부동산 개발·서비스 혁신 '프롭테크'가 뜬다」, 한국경제신문, 2020.
- 네이버 지식백과, 프롭테크

김정혁 KIM JONG HYEOG

학력
· 국립군산대학교 산업대학원 기계공학 석사
· 국립군산대학교 일반대학원 기계공학 박사

주요경력
· 삼성그룹공채 제7기 입사
· 볼보그룹코리아(주) 국내기술영업 소장
· 군산중기 군산대리점 대표이사
· 군산종합직업전문학교 산업설비팀 부원장
· 대한상공회의소 전북인력개발원 교수
· 군장대학교 스마트기계·자동차 신소재가공 교수
· (사)전북새만금 어린이재난안전협회 전문위원
· 행정부 국민안전교육 전문 인력위원
· 일학습병행자격 훈련과정 인정 심사위원
· 한국산업인력공단 고객패널위원
· 한국산업인력공단 실기감독위원

- 한국산업인력공단 HRD전문가
- 국가직무능력표준(NCS) 보조강사
- 중소기업 공정품질 기술개발사업 서면평가위원
- 한국산업인력공단 자격시험문제 검토위원
- 도제학교 훈련과정 인정 심사위원
- 고숙련일학습병행(P-TECH) 면접심사위원
- 한국산업인력공단 과정평가형자격 외부전문가
- 한국산업인력공단 기술사 자격시험 출제위원
- 전북자동차기술원 기술닥터 전문가
- 한국산업인력공단 일학습병행제 산업현장전문가

자격사항

- 공인기술지도사(한국산업인력공단, 2004)
- 공인경영지도사(한국산업인력공단, 2006)
- 기술평가사(한국기술사업진흥협회, 2015)
- 사회복지사(보건복지부장관, 2020)
- NCS 직업교육지도사((사)코리아리크루트, 2017)
- 용접기능장(한국산업인력공단, 2004)
- 제강기능장(한국산업인력공단, 2018)
- 건설기계정비기능장(한국산업인력공단, 2003)
- 금속재료기능장(한국산업인력공단, 2015)
- NCS활용면접관((사)코리아리크루트, 2016)
- 재난안전지도사(한국아동청소년안전교육협회, 2018)

저서

- 『용접필기정복』, 군장대학교, 2017.(공저)

- 『열처리실기』, 군장대학교, 2019.(김정혁)
- 『열정有 삶』, 고용노동부, 2019.(공저)
- 『신중년 도전과 열정 2021』, 브레인플랫폼, 2021.(공저)
- 『N잡러시대 무작정 따라하기』, 브레인플랫폼, 2021.(공저)
- 『핵심 용접실무실습』, 구민사, 2021.(김정혁)
- 『10년 후의 내 모습을 상상하라』, 브레인플랫폼, 2022.(공저)
- 『공공기관채용과 면접기술』, 브레인플랫폼, 2022.(공저)
- 『N잡러 컨설턴트 교과서』, 브레인플랫폼, 2022.(공저)
- 『용접공학』, 원창출판사, 2022.(김정혁)

수상내역

- 한국공업표준협회장 우수상(1990)
- 한국생산성본부장 표창장(1990)
- 삼성중공업(주) 공로상(1991)
- 삼성그룹 경영 대상(1991)
- 한국교육기술대학교총장 공로상(1995)
- 군산종합직업전문학교장 공로상(1996)
- 군산종합직업전문학교장 표창장(1997)
- 스타훈련교사 고용노동부장관 표창장(2013)
- 대한민국스타훈련교사 선정(2013)
- 대한민국산업현장교수 위촉(2016)
- 직업능력개발 유공자 국무총리 표창장(2017)
- 군산시 군산시민의 장 교육장(2020)
- 제20회 2020 올해를 빛낸 인물 대상(2020)
- 제35회 대한민국신지식인(교육분야) 인증(2020)
- 2020 대한민국명인(금속분야) 인정(2020)

· 제26회 2021 코리아 파워 리더 대상(2021)
· 2021년 국가자격취득 수기 공모 금상 수상(2021)
· 제1회 용접의 날 중소기업중앙회장 표창장(2021)

제4장

프롭테크 사례_
부동산 개발 플랫폼
구축 사례

김성모

1. 부동산 개발에 대한 욕구

 필자는 경기도에 거주하고 직장의 소재지도 경기도이다. 혹 서울시민인 독자들은 필자를 촌사람 취급을 하실지도 모르겠지만, 한강의 교량들을 넘나들며 무수히 많은 서울의 건물들을 스쳐 지나는 것은 필자에게도 낯선 일이 아니다. 때로는 '저 건물들은 모두 건물주들이 있겠지?' '그 건물주들은 어떻게 저 큰 건물을 소유하게 되었을까?' '나한테는 왜 그런 건물 하나(?) 없을까?'라는 생각을 하곤 했었다. 비록 지금은 현실과 타협하는 삶 속에서 그런 생각조차 하기 힘들지만 말이다.

 내 땅을 소유하고 내 건물을 지어 보고 싶은 바람은 자본주의의 집결지라 할 수 있는 서울의 부동산들을 보고 있노라면 쉽게 분출될 법하다. 그리고 이런 바람은 사실 '소유' 자체보다도 부동산의 가치상승, 임대수입, 건물주로서의 사회적 지위 등 그에 따르는 부가적인 이익들을 내심 기대하는 것일 테다.

 부동산에 부여될 수 있는 경제적인 의미는 차치하고라도, 어떤 땅에 어떤 건물을 세우는 행위 —개발행위 또는 건축행위— 는 그야말로 창조적인 행위 중 하나임이 분명하다. 많은 불확실한 요소들을 극복하고 각종 행정적인 어려움을 해결한 뒤 준공된 건물을 마주했을 때의 희열은 예술작품을 창조해 내는 예술가들의 것과 견줄 만하지 않을까?

이제 내 수중에 어느 정도 자금이 있다고 가정하고 현실을 직시해 보자. 무엇을 어떻게 하면 될까? 도대체 땅은 어디서 알아보는 것일까? 거리에 있는 공인중개사 사무실에 무턱대고 들어가 보면 될까?

일단 관심 있는 지역을 배회(?)하다가 토지 전문 공인중개라는 간판을 보고 들어간 공인중개사무소에서 땅을 소개받았다고 하자. 아마도 인터넷으로 토지 등기부 등본을 발급받고 공인중개사의 소소한 조력으로 소유권과 기타 사항들을 분석하려 하지 않을까? 그리고 여기에 뭔가를 짓기는 해야 하는데, 이 많은 관련 법규는 도대체 무엇이며, 그 법규를 준수하며 최선의 설계는 어떻게 해야 하는가?

보유하게 된 또는 매입하고 싶은 토지에 무엇을 어떻게 지을 수 있을지 대략적인 설계라도 해 보고 싶은데, 이를 건축사 사무실에 공식적으로 의뢰를 하여야 할까, 아니면 지인을 통해 알음알음 아는 건축사를 찾아 무료 상담이나 개략 설계 ―기획/계획 설계― 를 청해야 할까?

개략 설계안이 제안되면, 이를 토대로 사업성 분석을 어떻게 하는 것일까? 한마디로 수익이 되는 사업이어야 하는데…. 수익률이 내가 기대한 적정 수준으로 나와 줘야 이 토지개발 프로젝트를 진행할 수 있을 것인데 말이다. 유인책은 무엇이 될까?

2. 부동산 개발 플랫폼 구축 사례

필자는 본 지면을 빌어 필자가 추진하고 있는 부동산 개발 3D 시뮬레이션 플랫폼 —가칭 N·town— 에 대해 소개하고자 한다.

N·town에서는 해당 필지에 대한 AI 권리분석이 가능하고, 건축법의 주요 사항을 준수한 개략 설계를 직접 체험해 볼 수 있으며, 주어진 가이드에 따라 사업성 분석을 실행하고, 인근 지역의 향후 발전상황에 대한 정보도 얻을 수 있다. N·town의 수익모델은 부동산 중개 수수료, 토지담보대출 평가 시스템 제공, 공동 투자 등이다.

N·town의 핵심 기능 중 하나는 부동산 개발을 3D 시뮬레이션하는 기능이라 할 수 있는데, 이 계획 및 설계 소프트웨어는 서울시 테스트 베드 실증 사업으로 2020~2021년에 추진되어 완료된 바 있다. 지면을 빌어 서울산업진흥원과 서울기술연구원에 감사를 표한다. 이 소프트웨어는 '빌프레'라고 이름 지었다. BuilPre- Building과 Predesign의 합성어로 만든 말인데 다소간 영문법에는 맞지 않더라도 독자분들의 이해를 바란다.

구글 어스의 3차원 지도가 나온 이후 점점 고해상도의 위성영상, 항공촬영영상 등의 자료를 원하는 사람들이 늘어나고 있다. 서울시에서도 Virtual Seoul 시스템을 구축하여 도시계획 심의 업무 등에 활용 중이지만, 건축 심의는 여전히 인허가용 설계도서 자료 및 CAD 도면에 기반하여 직관성이 떨어지는 2차원 평가 방식에 의존하고 있는 실정이다. 이에 Virtual Seoul 시스템에 적용할 수 있을 뿐만 아니라, 정확한 수치를 토대로 객관적인 의사결정이 가능하도록 4차 산업혁명 기술(VR)과 융합한 법규 자동평가 및 시뮬레이션 모듈 기술 개발의 필요성으로 인해 '빌프레'가 탄생하게 되었다.

빌프레의 기술 개념은 아래 그림과 같다. 가장 큰 장점은 '3D' 기술을 활용하고 있다는 점이다. 일반적으로 평면상 분석할 수 있는 법규 항목인 건폐율, 대지안의 공지 등에 비해, 용적률, 인동거리, 정북일조 등의 법규 항목은 3D 기술을 활용하면 더욱 직관적으로 확인할 수 있다. 다르게 말하면 3D 기술을 적용하지 않으면 제대로 검토되었는지 확인하기조차 쉽지 않은 항목도 일부 있다는 말이다. 물론 건축인허가 등 법률적인 행위의 기반이 되는 설계도서는 법적인 책임이 뒤따르는 엄중한 공식적 문서의 형태를 지니게 됨은 자명하다. 그러나 설계 결과를 보다 직관적으로 살펴보고 확인해 볼 수 없다는 점에서는 확실히 부족한 면이 있다. 이러한 사항들을 3D 기술을 통해서 쉽게 극복할 수 있는 것이다.

빌프레 기술 개념도

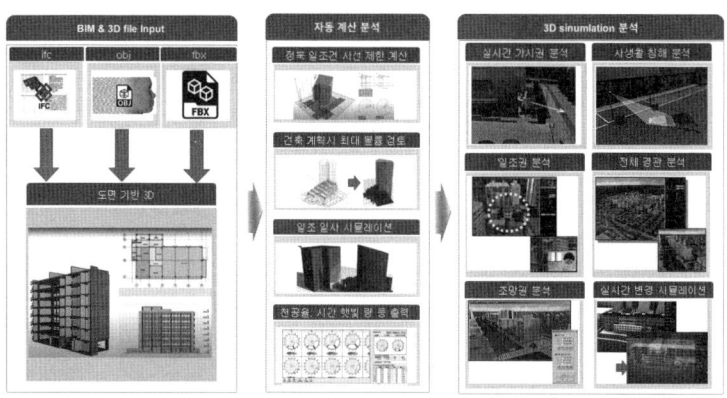

빌프레의 기능에 대해서 자세히 살펴본다. 관련 GIS 등 정보 데이터 및 입력 데이터를 이용하여 대상 부지, 도로, 지반면, 주변 건물 등 3D 기반 건축 정보 데이터를 통합하여 현실과 유사한 정밀도 높은 3D 시뮬레이션을 구현한다. 빌프레를 어떻게 활용할 수 있을까? 건축설계안의 검토 및 심의 시 빌프레의 3D 시뮬레이션 기능으로 건축법상 정북일조, 인동거리, 대지안의 공지, 건폐율, 용적률 등을 자동 분석하여 관련 법규 준수 여부를 자동 평가할 수 있게 된다. 직관적인 사용자 인터페이스로 건축설계안 작성자가 데이터 입력 및 법규 준수 여부를 사전에 확인할 수 있다. 3D 기반 수치(최대·최소·평균)산출 모듈 구축으로 건축물 등의 차폐를 고려한 정확하고 직관적인 층별, 세대별 일조권, 조망권 등 수치를 산출하고, 관련한 사회적 환경 문제를 사전에 검토, 판단 또는 평가할 수 있다. 3D 모델링을 기반으로 Virtual Seoul 시스템과 연동하여 엄격하고 정밀한 기준 데이터를 요구하는 분야에서 3D 시뮬레이션을 통해 가시화가 가능하다. CAD, GIS, 3D 등 다양한 파일 포맷의 입·

출력 지원 등 정보 데이터와 연계하고 관리 및 활용할 수 있는 기술이다.

3차원 공간정보를 활용하는 국내외 기술 동향을 살펴보면, 서울시 전역(약 605km²) 건물 60만 동을 25,000여 장의 항공사진과 인공지능을 활용하여 구현한 3D 디지털트윈 환경인 Virtual Seoul 플랫폼이 구축되어 S-Map으로 이름 지어졌다. S-Map은 도시계획심의, 도시바람길 시뮬레이션, IoT 센서 기반 소방 시설물 관리 등 서울시 정책에 3차원 공간정보로 적극적으로 활용될 예정이다. 최근 메타버스의 열풍에 힘입어 S-Map이 메타버스와 연계될 가능성도 있을 것이다. S-Map은 매우 중요한 가치를 지니고 있는데 스마트시티 정책을 홍보하기 위한 수단으로 활용할 수 있을 뿐만 아니라 장기적으로는 CPS(Cyber Physical System)로 발전하여 서울시의 스마트 관리에 이를 수 있는 기반이 될 수 있다. 이처럼 3D 모델링 기술이 사회 전 분야에 보편화되면서 3차원 공간정보 플랫폼을 활용한 다양한 사례들이 증가하고 있는데, 정책적으로는 국토경관 관리, 경관심의 위주로 활용되기 시작하는 추세이다.

건축관련 법규를 3D으로 평가한다는 것은 어떤 의미일까. 3D 기반 시뮬레이션의 정보를 토대로 건축 관련 법규 준수를 자동으로 평가하여 설계안 검토 및 수정 작업 효율성이 증대될 수 있다. 공개된 지도와 수치 정보 등 BIM 데이터를 통합하여 빠르게 대지 조건을 구성하여 정북일조, 도로, 인접지, 대지안 공지, 건축 가능 공간, 인동거리, 사선제한 등 분석이 가능하다. 층별 또는 법정 바닥 면적 분류 등 면적 집계 및 건축법상 건폐율, 용적률을 자동으로 산출하는 것은 기본이다.

법규 준수 자동 평가 개념도

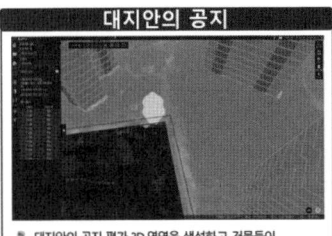
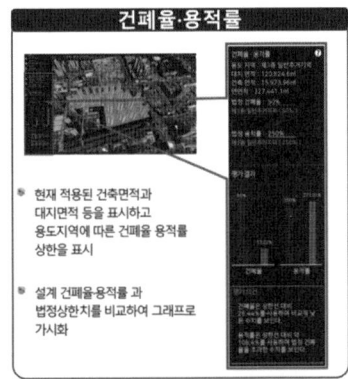

건축법규뿐만 아니라 환경분석 및 검토도 매우 중요하다. 법을 지키는 것은 기본이고 그 위에 빛을 발할 수 있는 또 다른 가치가 있을 수 있다. 여기에서는 일조권과 조망권인데, 최근 어떤 조사들에 의하면 교통, 학군 등 아파트의 일반적인 조건이 같은 상황에서는 조망권과 일조권이 매우 큰 비중을 차지하고 있다고 알려지고 있다.

3D 기반 건축 정보를 이용한 수치 산출 모듈을 구축할 때, 우선 지역 기상 관측 데이터를 이용해서 일사량을 분석한다. 3D로 구축된 데이터를 기반으로 하기 때문에 건축물 등에 의한 차폐를 고려한 층별 및 세대별 일조시간, 일사량을 계산할 수 있다. 컴퓨팅 파워를 이용하기에 가능한 셈이다. 조망권은 한 세대의 거실에서 밖을 바라보았을 때 보이는 뷰에서 자연과 인공 구조물의 비율과 조망되는 각 오브젝트들까지의 평균적인 거리인 조망거리에 대한 수치로 대변된다. 지정시간 및 연간 일조시간 등 다양한 일사량 분석에 따른 시뮬레이션(애니메이션) 뷰를 지원한다. 기본적으로는 동짓날의 연속일조시간과 총 일조시간을 계산하고 그림자를 표현한다.

일조시간, 일사량 분석 개념도

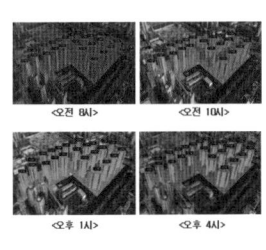

빌프레에서는 맨 처음 무엇을 할 수 있을까. 빌프레에는 기본적인 관련 법규 데이터와 조례 데이터가 탑재되어 있다. 우선 필지를 검색한다.

그러면 그 입력 데이터에 기반한 대상 대지의 면적, 용도구역 등 공공데이터에 기반한 검색 정보를 표시하여 준다.

이제는 해당 필지에 건물을 세워 본다. 즉 3D 시뮬레이션을 하려면 '3D'가 있어야 하니까 3D 모델링을 하는 것이다. 대지 측량도 등 오픈 데이터(IFC, OBJ, FBX 등 다양한 파일 포맷)를 이용하여 지도 및 용도 지역 정보, 위도, 경도를 설정한다. 이를 통해 대지 경계선, 부지 형상, 건축 가능 공간을 자동으로 생성한다.

DXF 파일을 이용한 3D 시뮬레이션 사례

이제 땅과 건물이 생겼으니 법규의 준수 여부를 평가해 본다. 먼저 건폐율과 용적률을 검토하는 것이 가장 기본일 것이다. 그다음으로는 대지안 공지, 인동거리, 대지 경계선에 대한 사선 제한 확인 등의 순으로 진행된다.

3D 시뮬레이션 기반 대지안의 공지, 인동거리, 정북일조 분석 사례

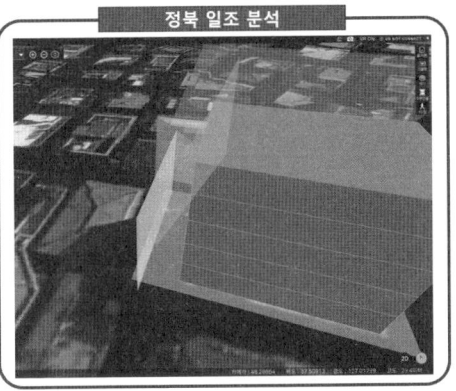

환경적인 분석 중 첫째는 설계안이 주변에 미치는 일조, 일사 등의 영향 평가이다. 그 결과는 히스토그램 및 수치 값과 3D 시각화로 표현한다.

환경(일조, 일사 등) 영향 평가 및 분석 사례

빌프레는 실무에서 어떻게 활용될 수 있을까? 서울시 관련 부서 및 서울시 산하 구청, SH공사 등 적용이 가능할 수 있다. 또한 서울시뿐만 아니라 타 지자체를 대상으로 한 유사 시스템 구축이 가능하다. 공공성만 가지는 것은 아니므로 서울시에 소재한 시행사, 건설회사, 설계회사 대상으로 서비스가 가능하며, 서울시 및 전국의 대학 건축학과, 설계사 등 대상 소프트웨어로 공급할 수도 있을 것이다.

또한 Virtual Seoul 시스템뿐만 아니라, 수치 모듈 및 3D 모듈을 응용하여 객관적인 의사결정이 가능하도록 4차 산업혁명 기술(VR)과 융합한 발전 가능성이 있어 구체적으로는 가상현실과 증강현실과의 연계가 가능한데, 3D로 설계한 데이터가 그 즉시 가상현실 디바이스로 연계되어 공간감 있게 확인할 수 있다. 실무에서는 건축사가 건축주에게 쉽게 설명하고 확인하는 커뮤니케이션 수단으로 사용될 수 있다. 이를 통해 의사소통의 어려움으로 인해 불필요하게 낭비되는 시간을 줄일 수 있음은 자명하다. 비슷한 방식으로 증강현실로도 연계되는데, 홀로렌즈2와 같은 디바이스나 쉽게는 스마트폰과 태블릿 PC같이 많은 사람이 가지고 있는 디바이스를 통해서도 건설 현장에서 실감 나게 확인할 수 있을 것이다.

건축 관련 행정소송을 제기하는 사례가 최근 3년 사이 40% 가까이 증가하는 등 환경과 안전 관련 분쟁이 늘어나는 추세이며, 사회적 인식의 변화 등으로 환경권 침해 가능성이 사회적 이슈가 되고, 지자체가 제시하는 환경 및 안전 기준이 적법한 수준인지에 대한 분쟁이 이어지고 있는 실정이다. 기술의 사회적 역할이 증가함에 따라 어떠한 기술이 개발되면서 일반인이 체감할 수 있는 사회 문제를 개선함과 동시에 사회적 수용성을 높이는 대책 등을 마련하는 게 필요하다. 빌프레를 대상으로 한다면, 3D 기반 시뮬레이션으로 건축 관련 정보를 가시화하고, 이를 토대로 건축 관련 법규 준수 여부를 자동으로 분석하여 객관적이고 개방적인 평가가 가능해짐으로써 분쟁의 소지를 미연에 방지하고, 주변 환경분석 및 검토를 통해 설계안이 주변에 미치는 일조, 일사 등의 영향 평가로 사회적 논란을 최소화할 수 있다.

또한 건축설계안 및 변경에 따른 3D 시뮬레이션으로 검토, 평가 및 결과 반영까지 가시화하여, 설계부터 심의, 허가까지 일련의 투명한 흐름으로 관련 행정 절차의 개선 및 간소화를 도모할 수 있고, 이에 따라 수행 및 관리주체의 공감대 형성 및 민원 등 불만족을 해소하는 데 기여할 수 있다. 사회적인 공감대가 필요한 도시재생 사업 등에서 토지주, 건물주 또는 지역주민을 대상으로 추진 사업에 대한 이해 자료를 제공함으로써 사업의 추진에 조력할 수 있으며, 도시재생 사업의 추진 프로세스 등 지자체의 정책추진에 있어서 Virtual Seoul 3D 데이터의 적극적인 활용으로 스마트 서울의 이미지 제고를 통한 시너지 효과 및 일반 시민의 호응을 이끌어 내는 데 기여할 수 있다.

3. 생태계 활성화를 위한 노력

1) 한국 최초의 부동산 디지털 수익증권 거래소, KASA

카사(KASA)는 소액으로 부동산을 투자할 수 있도록 한 부동산 거래 플랫폼이다. 2019년 샌드박스로 지정돼 국내 최초로 디지털 부동산 수익증권을 공모하였다. 100억~800억 규모의 빌딩을 기초로 한 디지털 수익증권(DABS)를 발행하여 투자자들이 DABS를 거래한다. 블록체인 기술을 기반으로 하여 소유권을 관리하고, 분기당 1회의 임대수익 기반 배당을 DABS 보유자들에게 지급하고 있다. 카사 플랫폼이 취하는 이득은 공모가액의 1%, 거래시는 0.4%, 배당시는 임대수익의 2%, 매각차익의 7%이다.

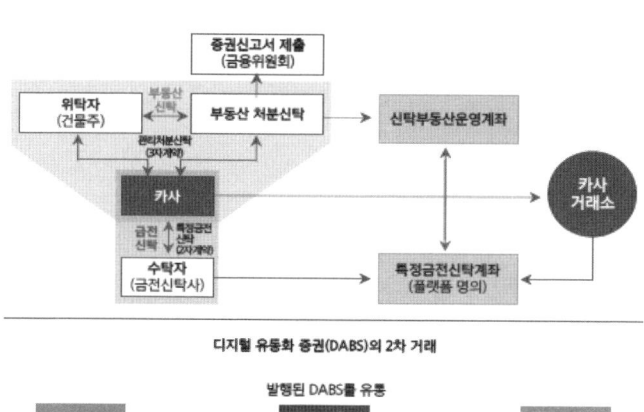

부동산 수익증권 서비스는 샌드박스(혁신금융서비스)로 지정되어 2021년 말까지 배타적 운영권을 부여받았다. 추가 2년 연장이 일반적인 점을 감안하면 2023년 말까지라고 봐야 하는데, 그때까지는 제도권 편입을 위해 노력할 것으로 예상된다. 현재 부동산 수익증원 플랫폼으로 샌드박스로 지정된 기업은 총 4개인데, 카사가 그 최초이다.

2) N·town 플랫폼의 발전방향

N·town의 플랫폼을 이용하게 될 사용자는 디벨로퍼, 토지의 매수인, 건축사, 토지 매도인, 토지 매도인을 대리하는 공인중개사 등이다. 이 플랫폼에서는 빌프레 솔루션을 중심으로 한 계획설계, 사업성 분석이 이루어지는데, 하나의 필지에 대해서도 다수의 설계안이 존재할 수 있으며, 하나의 설계안에 대해서도 여러 개의 사업성 분석안이 존재할 수 있다.

N·town에서는 설계안의 제안자와 사업성 분석안의 제안자에 대해서 그 저작권을 인정해 주는 방법을 적용할 예정이다. 토큰의 발행도 하나의 방법이 될 수 있다. N·town에서 운영되는 토큰을 발행하고 NFT 기술을 적용하여 해당 설계안과 사업성 분석안에 대한 저작권을 인정해 주는 것이다. N·town을 통하여 토지중개가 이루어질 경우 그 중개 수수료의 일부를 해당 필지의 우수 설계안 및 우수 사업성 분석안 저작권자에게 지급하고자 한다. 우수 설계안과 우수 사업성 분석안은 매수자가 지정하게 할 수 있을 것이다. 이 토큰은 윤활유 역할을 하며, 이 플랫

폼에 들어와서 다양한 매물 필지에 대하여 설계와 사업성 분석을 수행하기 위한 동력이 될 수 있다.

카사에서는 완성품 빌딩의 매매를 타깃으로 하지만, N·town에서는 완성형 토지의 매매를 타깃으로 하지 않는다. 토지의 미래에 대해서 베팅하는 것이다. 즉 개발행위 허가 또는 건축인허가와 맞물려 있다. 따라서 DABS와 같은 소유권 쪼개기는 토지에 그대로 적용한다면 자칫 잘못하면 기획부동산과 같은 개념이 될 수 있기 때문에 주의해야 한다. 따라서 우선은 저작권 인정 개념으로 토큰을 운영하는 아이디어이다.

이상과 같이 가상현실, 증강현실, NFT 토큰의 개념이 추가된 부동산 개발 3D 시뮬레이션 플랫폼의 추진 사례에 대해서 살펴보았다. 다양한 프롭테크 기업들의 일부 기술과도 조금씩 연관된다. 예를 들어 AI 기반의 권리분석은 다방, 피터팬의 방구하기 등 서비스에서 시도되고 있는 분야이다. 물론 그 내용은 다르지만 말이다. N·town은 2022년 베타버전을 출시할 계획이다. N·town의 앞날에 독자분들의 많은 관심과 조언을 부탁드린다.

참고문헌

- 서울특별시, 『그림으로 이해하는 건축법』, 2020.
- 삼성증권, 『Company Update-KASA』, 삼성증권보고서, 2021.
- 이상빈, 『부동산의 미래: 프롭테크』, 쌤앤파커스, 2021.
- '테스트베드 서울 실증지원 사업'(건축설계안 3차원 시뮬레이션 및 법규 준수 여부 평가 기술) 최종보고서, 2022.

저자소개

김성모 KIM SUNG MO

학력
· 경남과학고등학교
· KAIST 학사(토목공학 전공, 경영과학 부전공)
· KAIST 석사(토목공학)
· 성균관대학교 박사수료(방재안전공학)

주요경력
· 현) (주)코아텍 대표이사
· 현) (주)지안씨엔에스 대표이사
· 현) 세종특별자치시 건축안전자문단 위원
· 현) 경기도 건설공사 시민감리단 위원
· 현) 경기도 안전관리자문단 자문위원
· 현) 수원시 안전관리자문단 위원
· 현) 한국방재협회 재난안전산업위원회 위원
· 현) 건설기술연구원 건설기준 전문위원회 위원
· 현) 행정안전부 위기관리 매뉴얼 위원

· 현) 국토교통과학기술진흥원 기술평가위원

자격사항

· 토질및기초 기술사

· 공인중개사

· 초경량비행장치 무인멀티콥터 조종자(1종)

· 사회복지사

수상내역

· 3차원 경관심의 기술공모전 우수상(공간정보산업진흥원장상)

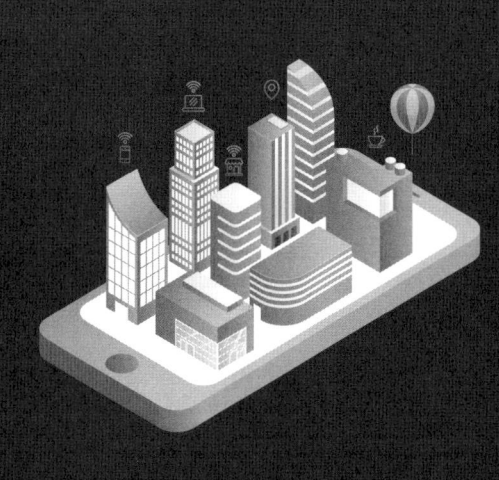

제5장

부동산의 꽃 프롭테크와 메타버스 사이 가교 역할을 하는 스터디카페의 M2O 플랫폼

이준호

1. 프롭테크 트렌드, 부동산+IT 기술 산업 융합으로 디지털 트랜스포메이션 가속화

IT 기술과 4차 산업의 기술의 융합 적용을 통해 부동산 서비스를 효율적으로 개선하는 비지니스 통칭을 프롭테크라고 한다. 프롭테크는 부동산(Property)과 기술(Technology)의 합성어로 기존 부동산 산업에 첨단 IT 기술을 접목시켜 새로운 형태의 산업, 서비스 및 기업 등을 포괄적으로 지칭하는 용어이다. 이를 해석하면 부동산의 구매, 판매, 임대, 개발, 관리 등 부동산 산업 내 전 밸류체인(Value chain)에서 기술을 활용하는 것을 포괄한다. 기술을 활용하여 부동산 서비스를 보다 효율적으로 개발하거나 개선할 수 있는 모든 비지니스를 통칭하는 것으로 이해할 수 있다.

부동산 산업 밸류체인(Value Chain)

부동산 개발, 부동산 매입, 부동산 임대, 부동산 관리, 부동산 매각 프로세스를 좀 더 4차 산업혁명의 결과로 이종업종 간의 경계가 사라지고 있는 현상과 같이, 일부 프롭테크 업체가 공유경제, 플랫폼 비지니스, 핀테크 업체 등으로 분류한다.

-공유경제: 한 번 생산된 제품을 다수가 공유하여 쓰는 협업 소비를 기본으로 하는 경제를 말한다.
-프롭테크: 부동산 산업에 IT 기술을 접목한 새로운 서비스를 말한다.

-핀테크: 금융과 기술이 결합한 서비스를 말한다.

무엇보다도 빅데이터와 머신러닝을 활용한 주택 가격 산출, 건물 가치 산출, 사무실 가치의 산출 등 매물정보를 플랫폼을 통해 소비자에게 투명하게 제공함으로써 부동산 거래 전반에 발생했던 정보 비대칭성을 극복하게 되었고 부동산 가격의 정보 대칭성이 투명하게 고객들에게 제공되는 시대가 되었다.

부동산 중개 플랫폼의 대중화된 프롭테크 사회의 현실

부동산 공유 플랫폼들은 빅데이터 기술을 활용하여 공공 정보와 주택 소유자로부터의 정부 나아가 중개인으로부터의 정보 등을 종합적으로 수집하여 공유 및 중개를 함으로 하여 부동산 가격 예측 정확도가 최고 90%대까지 도달하는 부동산 공유 거래 문화를 창출하였다. 부동산 관련 빅데이터들의 항목들은 다음과 같다. 이들의 항목들은 머신러닝 기술을 이용하여 리얼타임으로 데이터를 제공함으로써 프롭테크의 대중화를 선도해 가고 있다.

-사용자 데이터: 주택 면적, 침실, 욕실 개수 등
-공공 데이터: 재산세 납부내역, 범죄율, 학군정보 등
-중개인 데이터: 과거 거래내역, 주변 주택 시세 등

부동산 중개 플랫폼의 기술의 차이는 머신러닝 기법을 사용하여 부동산 가격 데이터를 얼마나 빠른 시간 단위로 실시간 가격 산출이 가능한

지에 대한 여부일 뿐 24시간 단위 이내로 부동산 가격정보를 업데이트하고 리얼타임으로 제공하는 것은 평준화되어 있는 상황이다.

빅데이터와 머신러닝 활용을 통한 공유 오피스 임대 문화 최적화 선도

공유 오피스 최적화 중개 플랫폼의 부동산 가격 투명성 제고 기술처럼 빅데이터와 머신러닝을 활용한 오피스 공간의 공유경제는 일반 사무실 임대보다 최고 66%까지 비용을 절감함으로써 사용자의 편의성을 극대화 시켰다.

-사무 공간: 사무실 수, 크기 인당 면적 등
-공용 공간: 회의실 수, 회의실 크기 등
-사용자 수: 직원 수

사무 및 공용 공간 면적 개수, 사용자 수 등의 정보 수집을 통해 머신러닝의 알고리즘인 인공신경망을 활용하여 사람과 공간의 상호작용 패턴 분석을 통해 효율적인 공간과 유기적인 네트워크를 위한 최적의 공간 계획을 도출하여 입주자들의 사용 편의성을 효율적으로 제고하고 있다.

공유 오피스의 사용자 입장에서의 비용 절감 효과는 명확하다. 일반 사무실 임대 비용에 기타 이전 비용이나 계약금, 보증금, 권리금 등이 없고 일반 사무실 임대 비용보다 30~40% 저렴한 비용으로 공유 오피스의 교육장, 미팅룸, 바 형태의 카페 휴게 공간 등 다양한 편의시설을 함께 이용할 수 있으니 일석이조다. 또한 공유 오피스들은 대개 지하철 역세권 반경 200m 이내의 위치한 경우가 많아 비지니스, 사업, 창업, 스타트업, 1인 기업, 프리랜서 등 다양한 고객사들과 고객들이 이용하는 문화로 자리매김을 해 가고 있다.

가상현실(Virtual Reality) 기술을 활용한 부동산 큐레이션 서비스 태동

코로나 팬데믹으로 인한 비대면 비지니스와 거리두기 문화는 부동산 거래에도 적잖은 손해를 주고 있다. 오프라인 중심의 부동산 중개 시 상업용 부동산 거래의 경우 딜 소싱부터 투자집행, 사후 관리, 엑시트(Exit)까지 각 단계별로 대면 접촉이 필요하고 계약성사까지 일반적으로 대면 중심의 부동산 거래 프로젝트의 사전 관리, 현장 관리, 사후 관리의 프로세스 모두가 중단될 수밖에 없는 경우가 대폭 증가하고 있다.

대면 현장 답사의 축소와 비대면 거래의 문제점 해결을 위한 현장실사를 위해 가상투어(Virtual Tour)를 이끌어 내고자 드론을 통해 건물 내부 공간을 구경하고 중개 플랫폼으로 주변 입지를 확인하고 가상 현장실사(Virtual Due Diligence)용 플랫폼을 구축해 가고 있다.

한국의 부동산 중개 플랫폼 거래가 확산에 필요한 게임체인저를 위한 전략으로는 다음과 같은 상황 발전이 필요하다. 첫째, 온라인 실사를 구현할 수 있는 기술력의 발전, 둘째, 부동산 감정평가와 관련된 법률과 연기금이나 공제회 같은 상업용 부동산 시장의 주요 투자자들이 투자승인 단계에서 현장 실사를 의무화하는 규정의 완화가 필요하다.

MZ세대의 주거 문화 소비패턴과 트렌드의 변화에 따른 프롭테크 진화가 예상된다. 한국에서 인기를 얻고 있는 국내 부동산 플랫폼의 주 사용자는 MZ세대로 나타나고 있다. 사용자의 60~80%가 MZ세대다.

한국의 부동산 중개 플랫폼 현황 및 부동산 매수 단계별로 본 프롭테크 기업 현황

프롭테크는 빅데이터, 인공지능(AR), 가상현실(VR) 등의 기술로 무장하여 부동산 중개 플랫폼으로 대중화되어 있고 단계별 현황을 보면 다음과 같다.

-부동산 정보탐색: 지역, 시세, 주변 환경 등 기본정보 탐색(아실, 호갱노노, 직방 등)

-매물 확인 및 임장: 실시간 매물 정보, VR, 3D 기술 활용한 내부 구조, 일조량 등(네이버 부동산, 직방 등)

-중개 플랫폼: 부동산 중개인 연결(다윈중개, 우대빵 부동산 등)

-부동산 계약: 전자 계약, 대출, 세금납부, 등기 등 업무(집토스, 닥집, 다방 싸인 등)

-인테리어 및 이사: 인테리어 견적 비교, 소품 정보 등(집닥, 오늘의 집 등)

정부의 공공데이터들과 수집된 민간 빅데이터를 활용한 부동산 정보 제공 플랫폼인 직방, 호갱노노, 아실, 다방 등은 이제 국민 필수 앱으로 자리 잡았다. 프롭테크 기술로 인해 이들 서비스는 전국의 부동산 시세, 주변 개발정보, 공급량, 학업성취도, 학군, 역세권, 인프라 등을 거주지 선택에 필수적인 정보를 제공한다.

공공데이터가 활용 적용되어 공시지가, 각종 세금, 대출 한도 등도 미리 파악할 수 있는 시대다. 심지어 이런 빅데이터 인공지능 알고리즘으로 분석해 향후 3~4년 이후의 가격을 예측하는 '부동산 리치고'와 같은 서비스들도 등장했다. 부동산은 물리적인 증거들에 IT 기술의 융합 접목으로 디지털 트랜스포메이션이 가속화되고 있다.

-공유 오피스: 공유 오피스, 쉐어하우스 등
-부동산 마케팅 플랫폼: 주거용, 상업용 부동산 등 매물 중개 서비스 플랫폼
-부동산 데이터, 가치 평가: 빅데이터, AI 기술로 부동산 정보 분석, 맞춤형 정보 제공
-건축 솔루션: 건축 지진 내진 설계, 건축설계, 시공 모델링, VR, AR 활용한 가상 공간 구현 등
-부동산 매니지먼트(관리): 부동산 관리 솔루션 및 서비스 제공
-펀딩, P2P, 블록체인, 컨설팅: 부동산 관련 금융, 부동산 PF 대출, 수익증권 유통 등
-인테리어: 인테리어 상품 판매 및 업체 중개 플랫폼
-IoT(사물인터넷), ICT(정보통신 기술), 스마트홈: IoT 기술로 활용한 스마트홈 서비스, ICT와 키오스크를 활용한 무인점포 대중화, 스마트 에너지 등의 기술을 기반으로 한 건물, 임차인 관리 서비스, 상업용 건물에 대한 관리, 보안, 제어 시스템 서비스 등

이외에도 실질적인 부동산 개발 진행 과정에서 건설, 인테리어 디자인, 설계, VR/3D 분야 등에서 기술을 적용하여 효율적인 관리를 지원하거나 프로젝트 성과를 모니터링하고 예측하는 카테고리들과 핀테크 기술이 부동산 시장에 도입된 부동산 투자에 대한 클라우드 펀딩과 개인금융(대출) 서비스 시장으로 자금들이 크게 투자되고 있다.

2. 공유 오피스 플랫폼, 프롭테크의 꽃은 공유 오피스 중심의 스타트업 생태계

오프라인 공간의 프롭테크 기술과 메타버스를 통한 제2의 가상지구 구축의 트렌드 사이에서 프롭테크 산업의 꽃인 공유 오피스의 가치창출과 대체되는 공유부동산의 비지니스모델이 진화 중이다.

단순 빈 공간들로 빈방, 빈 사무실, 강의장 등의 대관 중심의 플랫폼 기업들의 초기 시작에서 사무실을 중심으로 적게는 1인실 많게는 8인실 규모의 초기 사무실 공유를 하던 르호봇 비지니스센터의 개념에서 지금은 공유 서비스의 확장으로 패스트파이브, 스파크플러스, 디큐브비지니스센터-디큐브아카데미 등의 공유 오피스 전문 서비스를 하는 기업들로의 진화가 2013년을 분기점으로 시작되어 한국에서도 10여 년의 역사가 되어 가고 있다.

에어비앤비를 필두로 시작된 공유경제의 비지니스모델 카테고리들을 엿보면 공유 오피스, 공유 주방, 공유 공간 운영, 리테일 상업 공간 개발, 팝업 스토어 플랫폼, 공유 주거 서비스, 무인스터디카페, 코리빙 서비스, 공유커뮤니티 공간 운영 등의 프롭테크 공유 비지니스 산업에서 뉴 카테고리로 창출되어 투자에서 운영 활성화 정착까지 되고 있는 시대다.

프롭테크 공유 오피스 한국 현황 비교

글로벌 공유 오피스 기업인 위워크의 한국 시장 진출로 공유 오피스 비지니스는 기존의 비지니스센터 관점에서 질적·양적 성장을 하고 있다. 핵심 권역에 가성비 높은 건물을 확보하고 한국식 오피스 문화를 선도하고 있는 신입사원 MZ세대들이 스타트업 기업들을 결정할 때 연봉 이외에도 기업의 인테리어, 사무실 분위기, 카페 같은 휴식 공간 등이 있는 스타트 기업을 선택하는 것으로 나타났다. 이에 발맞춰 공유 오피스 기업들은 MZ세대의 트렌드에 부합하는 오피스 공간의 차별화된 공간 연출로 스타트업 기업들에게 인기를 얻고 있다.

패스트파이브는 역세권의 가성비 높은 건물을 중심으로 전국화시켜 가는 모양새다. 다른 공유 오피스 기업들에 비해 임대 외에도 교육과 MRO 등 기업이 필요로 하는 오피스 솔루션까지 제공하고 있다. 2021년 현재 패스트파이브는 7개 지점에 1,900개의 회사가 입주해 있고, 이용자 수가 18,000여 명일 정도로 활성화되어 가고 있다. 747억을 투자받아 425억의 매출을 올리고 있다.

공유 오피스와 일반 오피스와의 차별점

　-일반 오피스: 계약 기간은 연 단위이고 평균 3~5년 단위로 진행되며 보증금은 10개월 임대료 수준으로 진행이 된다. 관리비는 별도 청구이며 인테리어는 임차인 부담이다. 무엇보다도 사무실 규모 조정이 제약적이다.

　-공유 오피스: 계약 기간은 최소 단위부터 장기까지 자유롭다(최초 1~3개월). 보증금은 없으며 관리비도 없다. 인테리어는 임대인이 부담하여 완비가 되어 있는 것이 강점이고 규모조정도 사람 수에 따라 사무실 평수를 선택할 수 있고 유동적이다. 무엇보다도 지원 서비스가 차별화된다. 교육서비스, 네트워킹, 입주 기업 투자 자문 및 정보 지원 등도 강점이다.

디큐브비지니스센터-디큐브아카데미는 왜 공간뿐 아니라 '휴머니티'를 서비스 하는가?

　프롭테크 기술들이 오프라인 빌딩 오피스 공간에 적용되고 40층 전후 되는 빌딩에 위치한 디큐브아카데미 같은 경우 첫째, 고객사, 둘째, 고객, 셋째, 고객사와 고객들과 함께하는 파트너사들과 고객들까지 입지가 우수하다. 즉 접근성이 우수하며 쾌적하고 360도 뷰가 멋진 개방감이 우수한 스마트건물과의 계약을 통해 신도림역 공유 오피스는 라운 지형의 확 트인 뷰로 맑은 날에는 북한산과 관악산의 봉우리까지 시선이 머무는 곳에서 일할 수 있게 된다.

　공유 오피스의 차별화 요소는 입지, 건물의 크기, 인테리어, 입주사 또는 고객들의 클레임 처리, 품질, 서비스 시설 및 프린트, 커피, 휴게 공간, 화장실 등의 편리성과 쾌적성이기에 진입 장벽이 낮은 것이 현실이다.

위워크가 한국에 커뮤니티를 초점으로 한국 시장을 공략했지만 패스트파이브의 커뮤니티매니저들을 20대 후반에서 30대 초반의 직원들을 순환근무제로 차별화를 두어 근본적인 공유 오피스 운영 관리 측면에서 앞서 참패를 했다고 해도 과언이 아니다.

(주)비즈인싸이트 공유 오피스모델의 진화

시너지휴머니티를 추구하는 '디큐브비지니스센터-디큐브아카데미'를 총괄하는 (주)비즈인싸이트의 황태원 CEO와 이준호 CSO는 2018년 한국에 처음으로 라운지형 라이브러리 카페큐브를 품고 있는 디큐브비지니스센터의 인테리어, 공간 운영, 교육프로그램 운영 전반을 직접 기획하고 경영을 해 오면서 다음과 같은 문제점을 발견하고 그에 대한 해답으로 신경영과 한국인들의 감성이 부합하고 욕구에 부합하는 새로운 운영정책을 적용하고 있어 화제다.

문제점으로는 진입 장벽이 낮은 것이고, 공유 오피스 사무실 공간 임대업만으로는 40층 전후의 프리미엄 빌딩에서 사업을 전개하는 데 있어 사업 타당성이 없다는 것을 발견했다. 또한 기존의 강의장 대관을 융합한 비지니스 역시 코로나 팬데믹으로 인해 오프라인 집합교육이 30%대로 떨어지면서 디큐브아카데미 같은 경우 외국계 기업, 스타트업 기업, 창업 기업, 전문가, 프리랜서, 1인 기업들이 지식비지니스를 하기에 최적화된 공간 재구성을 통해 강점적 차별성을 구현했다.

사업 단위 업그레이드 및 운영의 차별화로 '시너지휴머니티-(주)비즈인싸이트'의 사업확장 모델 엿보기

무인스터디카페- 카페큐브, M2O 플랫폼 비즈니스혁신모델

　-공유 오피스: 1인실부터 8인실까지 다양한 공간 구성을 했다. 프린트, 커피, 휴게 공간, 커뮤니티룸, 강의장, 유튜브 스튜디오 등을 함께 이용할 수 있다.

　-라운지형 카페큐브: 취준생, 직장인, 프리랜서, 1인 기업들의 멤버십 서비스로 캐비닛, 커피, 10,000여 권의 책들을 구비하여 자기계발, 사업준비, 취업준비, 창업준비, 프리랜서 및 1인 기업 경제 활동을 돕는 데 특화된 프리미엄 공간을 구성했다.

　-유튜브 스튜디오: 재능기부 TV-북쇼 TV를 CSR로 운영하며 디큐브

아카데미의 주 고객은 물론 청년, 직장인들을 위한 저자 중심의 인터뷰를 제공하고 있다. 유튜브 스튜디오 공간의 강의 촬영, 비대면 강의 진행, 20명 규모의 오프라인 집합교육 진행 등을 하는 데 최적화되어 있는 공간이다.

-커뮤니티룸(회의실) : 4인실부터 8인실까지 다양하게 구축하여 비대면사회가 된 현실에 멘토링, 코칭, 컨설팅, 스터디, 미팅, 줌 강의 등이 필요한 고객사, 고객들을 위한 공간 대관 서비스를 함께하고 있는 것이 특장점이다.

-무인러닝스터디카페- 카페큐브: 진로, 취업, 자격증, 자기계발 공부하는 청소년, 청년, 직장인 사회인들과 전문가, 프리랜서, 1인 기업들이 코로나 팬데믹으로 혼자서 자유롭고 쾌적하게 일할 수 있는 카페형 공간을 찾는 비중이 늘고 있는 트렌드에 발맞춰 로컬 중심의 카페큐브 직영점과 가맹점들을 늘려 가기 시작했다.

-디큐브N잡러센터: 전직 및 재취업전문 컨설팅 및 교육 기관으로 직장인들을 위한 퇴근길아카데미, 신중년들을 위한 재취업 사무직, 생산직, 조기퇴직 예정자, 정년퇴직 예정자 대상별 재취업전문교육과 컨설팅 프로그램, 현직 실무 경험 15년 이상의 마스터트레이너들로 구축된 10회 차 교육프로그램과 10회 차 전수컨설팅, 코칭, 프로그램을 실무전문서로 체득하고 있는 교수진 중심으로 한국사회에 문제로 심화되고 있는 진로, 취업, 이직, 재취업, 전직, 창업, 창직, 퍼스널브랜딩, N잡러 되기, 폴리매스형 인재 양성의 'M2O(메타버스 to 오프라인) 플랫폼'을 지향점으로 사업을 전개해 가고 있다.

(주)비즈인싸이트는 이런 공유 오피스(250~400평), 무인스터디카페(50~90평), 두 가지 비지니스모델이 융합된 뉴모델(400~1,000평)까지 가맹 사업 진출에 출사표를 던졌다.

최적화된 쾌적의 공간과 함께 전문성과 친절함을 겸비한 직원, 고객사, 파트너사, 고객들의 휴머니티가 살아 숨 쉬는 융복합 공간의 로컬화, 아시아화가 지향점

위워크나 패스트파이브, 스파크플러스, 마이워크스페이스, 스파크프러스처럼 규모의 경쟁을 하며 커뮤니티나 커뮤니티매니저 중심의 운영관리 중심이 아니라 철저하게 공유 오피스에서 비지니스의 꿈, 커리어의 꿈을 꾸고 고객사, 고객으로 참여해 주는 모든 분의 매슬로우 욕구 7단계의 자기실현을 돕기 위해 긱(Gig)경제 시대 프리에이전트, 프리워커, N잡러로 활동해 가고 있는 일거리(Role) 창출을 초점으로 지식과 서비스 중심의 피드백 산업을 선도해 가는 프리랜서, 1인 기업 중심의 스마트창직가들인 N잡러양성 사업에도 주력을 하고 있는 것이 빅피처의 차별화다.

기존 규모의 경제 커뮤니티의 초점으로 프롭테크 공유 서비스를 하는 기업들과의 궁극적으로 다른 점은 공유 오피스, 유튜브 스튜디오, 카페큐브, 커뮤니티룸, 강의장을 이용하는 고객사, 고객들을 위한 피드백 서비스를 체계적으로 지원하는 것을 통해 보다 깊은 자아실현을 돕는 6가지의 비지니스모델이 하나의 M2O로 창조구상 실현될 디큐브 플랫폼이라는 것이다. 직원으로 일하는 분들의 업무 만족도를 높이고 근무시간의 만족도를 높이며, 입주사 기업들이나 공유 서비스를 이용하는 고객사, 고객들의 만족도를 높이고, 부족한 부분을 채워 주고 고객사, 고객들의 자기인식, 힐링, 개선, 변화, 성장, 혁신을 돕는 피드백 산업의 1번지로 전국화, 아시아화를 실현하는 것이 지향점이라고 한다.

신도림 1번 출구 디큐브시티 15층에 위치한 '디큐브비지니스센터-디큐브아카데미'의 카페큐브 라운지를 1시간 체험해 보는 것만으로도 매료될 것이다.

3. 프롭테크&가상지구, 프롭테크 부동산 넘어 메타버스&블록체인&3D, NFT 입혀 화제

코로나19 팬데믹 사태로 비대면·온라인 수요가 늘어나면서 '프롭테크' 산업도 급성장 중이다. 프롭테크(Proptech)란 부동산(Property)과 기술(Technology)의 합성어로, 부동산 서비스에 기술이 결합된 신산업을 일컫는다.

양적인 성장뿐 아니다. 인공지능(AI), 가상현실(VR), 증강현실(AR), 3D 설계, 블록체인 등 첨단 기술이 도입되면서 서비스의 질 자체가 달라졌다. 과거 프롭테크가 단순히 부동산 매물을 알리고 중개하는 정도에 그쳤다면 이제는 온라인 임장, 전자 계약, AI 매물 추천·평가, 빅데이터 기반 자산 관리 등 그 영역이 빠르게 확장하는 모습이다. 프롭테크 기술이 발달하면서 이제 집에서도 단지를 둘러볼 수 있는 '온라인 임장'이 가능해졌다.

프롭테크 플랫폼 업체인 직방은 3D 단지 투어 화면 기술을 구현하여 앞선 기술로 서비스하고 있다. 원하는 아파트 단지를 3D 입체 화면으로 둘러볼 수 있다. 단지뿐 아니라 원하는 동·호수 내부도 확인 가능하다. 거실, 침실, 작은방 등에서 창문 밖으로 보이는 조망이 어떤지, 시간에 따른 일조량은 어떤지까지 체크할 수 있도록 정교하게 구현했다. "모바일 모델하우스는 견본주택을 지을 때보다 예산이 절감될 뿐 아니라 불필요한 자원 낭비를 줄이기 때문에 ESG 측면에서도 의미가 있다"고 말했다.

프롭테크 스타트업 매출 1조 시장 돌파하며 가능성 높여 가는 것이 특징

매물을 중개하는 마케팅 플랫폼 차원에서 검색 포털사를 중심으로 부동산 시세정보를 제공하는 온라인 중심의 전문부동산 포털 기업들은 진화를 하지 못해 새로운 프롭테크 스타트업들에게 뒤져 역사의 뒤안길로 사라지고 신생 기업들이 부동산 산업과 프롭테크 산업 나아가 메타 산업, 블록체인, 3D 기술, AI, 플랫폼 기술들을 융복합하여 새로운 플랫폼&부동산의 연동과 구현을 통해 아래와 같은 부동산 산업의 특이점들이 플랫폼 안으로 모두 들어와 있는 상황이다. 프롭테크와 IT 기술의 접목 현황을 보면 다음과 같다.

-3D 단지 투어, 메타버스 모델하우스

-블록체인을 도입한 전자 계약 서비스
-원룸과 투룸 중개 누적 거래액 1조 원 돌파
-인테리어 비교 견적 서비스
-2D 도면을 3D로 자동 변화하는 기술 서비스
-자율주행 드론
-360도 카메라로 공사 현장 비대면 관리
-빌딩 지분을 수익증권으로 '조각 투자'하는 비지니스모델 등장
-인공지능(AI)이 개인별 맞춤형 아파트 추천 서비스 등장
-온라인 시세추정 서비스 등장

블록체인 기술을 도입한 전자 계약 서비스 '다방 싸인' 도입을 발표했다. 임차인, 임대인, 공인중개사 모두가 이용할 수 있는 비대면 부동산 계약 서비스로 종이나 인감 없이도 계약이 가능하다. 집주인이 전자 계약 매물을 공유하면, 중개사는 해당 매물을 공인중개사 전용 앱에 전송해 광고하고, 광고를 접한 사용자는 희망 매물 계약을 요청하는 방식이다. 블록체인 기술 덕에 계약서 위·변조 가능성도 없다.

프롭테크 기술을 중심으로 하는 스타트업들은 오프라인 부동산을 사고파는 데 그 편리성을 도모하고 부동산 산업을 활성화하는 측면이 강한 반면 사이버지구를 열어 가는 메타버스의 플랫폼 안에서의 비지니스 모델들은 또 다른 가상 지구를 창출하여 오프라인 부동산과 똑같은 제2의 지구 환경을 그대로 오픈하여 가겠다는 산업으로 스타트업들이 부상하고 있다.

메타버스 세상의 제2의 가상 지구 버전인 '어스2' 수익 구조 엿보기

가상 지구- 어스2

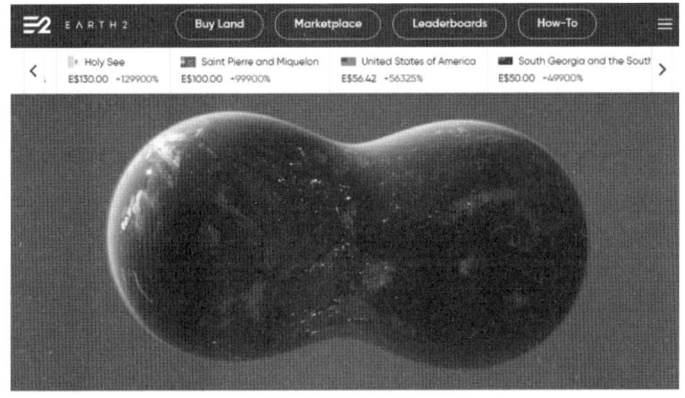

현실세계인 지구를 그대로 복사하여 가상세계로 구현한 가상 부동산 게임 '어스2'. 메타버스 시대의 가상 부동산의 관점으로 가장 핫하다. 가상 지구의 비지니스모델의 화두는 어떻게 수익 구조가 이루어지는 걸까? 라는 귀납법적 관점에서 산업을 역이해하고 접근하고 있는 추세다. 말 그대로 가상 부동산인 만큼 기본적인 수익 구조는 현실과 유사하다. 다만 아직 개발 중인 만큼 구현 중에 있는 새로운 수익 구조들도 있는 것으로 보이는데, 어스2에서 구현하고자 하는 수익 구조 5가지에 대해 알아보자.

-타일의 시세차익을 통한 수익: 10*10 타일 단위로 구매가 가능하며, 그 시세차익을 통해 수익을 창출한다.
-소유한 타일에 대한 소득세: 각 땅은 그 희귀성에 따라 총 4개의 등

급이 매겨지며, 이 등급에 따라 소득이 달라진다.

-(구현 예정) 각 타일에 천연자원, 보물 등 희소성을 더해 각 타일을 더 높은 가치로 거래 가능하다.

-(구현 예정) 소유 타일에 광고를 실어 수익을 창출할 수 있다.

-(구현 예정) 토지에 건물을 짓고, 임대하거나 판매하여 수익을 낼 수 있다.

현재 아직까지는 첫 번째와 두 번째 단계까지만 구현이 되어 있다. 그래서 어스2의 이 원대한 목표에 비해 아직까지는 초창기라는 생각에 전 세계 많은 사람이 미친 듯이 투자를 진행하고 있는 것이다. 이 가상 부동산인 어스2는 비트코인과 굉장히 닮아 있다. 비트코인도 초창기에는 아무도 믿지 않았으나, 과도기를 거쳐, 이제는 상용화라는 마지막 단계를 눈앞에 두고 있다. 어스2도 급속도로 진행 중인 메타버스 시대에 그 가치를 기대하고 많은 사람이 투자하고 있는 것 같다. 가상 부동산이 제2의 비트코인이라 불리는 이유이다.

다만 위험성은 여전히 존재한다. 우선 아직 개발/구현 중인 단계라는 큰 리스크가 있다. 상용화를 위해 아직 구현해야 할 단계들이 너무나도 많기에 조금 더 신중하게 접근할 필요가 있다. 두 번째로는 사실 이는 단순 게임에 지나지 않는다는 것이다. 실제 이 플랫폼의 개발자도 유명 게임 회사 출신이다. 그러니 이 플랫폼이나 개발자가 한순간에 사라진다면 그 가치는 영영 사라지는 것이다. 그러니 혹시나 투자를 희망하는 분이 있다면 너무 맹신하지 말고, 자신이 허용 가능한 범위 안에서 투자의 기회를 살펴 가는 것이 필요하다.

프롭테크와 메타버스 세상에서 가상 지구 산업을 선도해 가고 있는 '어스2'의 가치와 생태계

　프롭테크 스타트업의 비지니스모델들은 하나같이 '어스2' 가상 지구 플랫폼을 벤치마킹하며 진화해 갈 것이다. 프롭테크 부동산의 거래 가치, 자산 가치 수준 또는 그 이상의 수준까지 확장되어 진화될 것으로 본다. 가상 지구뿐만 아니라 가상 달, 가상 화성, 가상 우주 속의 별들까지도 NFT를 탑재하고 거래하는 뉴 메타버스 가상 지구 버전의 비지니스모델들과 서비스들을 중심으로 하는 플랫폼들은 분명히 나올 것이다.

　메타버스에 5G-VR 등 첨단 기술 접목을 통해 일상과 가상 경계를 허물며 혼합현실로 확장해 가고 있다. 2030년까지 1,700조 규모로 성장이 예상되며 고유성과 희소성을 갖춘 가상 자산 NFT의 접목된 4차 산업 기술의 융합과 접목은 대체불가 수익형 투자 자산으로 급부상하며 블록체인 시장과 시너지로 성장이 가속화될 것이다.

　메타버스(Metaverse)는 현실세계를 의미하는 유니버스(Universe)에 가상·초월을 뜻하는 그리스어 메타(Meta)라는 접두어를 결합한 합성어다. 시공간의 제약 없이 현실과 뒤섞인 디지털로 구현된 가상세계의 집합을 말한다. 소프트웨어로 만들어진 그래픽 맵이지만 자신의 아바타를 통해 현실의 거울처럼 존재하는 인터넷 기반의 세계다. 미국 기술연구단체인 ASF는 메타버스를 증강현실세계, 라이프로깅세계, 거울세계, 가상세계 등 네 가지 유형으로 분류했다.

메타버스 시대 가상 지구 생태계 2025년 330조 규모까지 성장해 갈 터

글로벌 시장조사 기관 스트래티지애널리틱스(SA)에 따르면 전 세계 메타버스 시장은 2025년 2,800억 달러(약 330조 원) 규모로 폭발적인 급성장을 이룰 것으로 전망된다. 5G 이동통신으로 콘텐츠 전송속도와 확산이 가파르게 향상되고 있고 AR(증강현실)와 VR(가상현실) 기술이 발전하면서 혼합현실(XR) 세계로 확장하고 있다는 진단이다.

NFT 디지털세계를 대응하지 못하는 갤러리와 옥션 경매장은 향후 10년 내에 쓸모가 없어질 것이라는 전망이 대다수다. 애플, 구글, 메타(페이스북) 등 빅테크 기업은 인터넷을 장악하고 사람들을 연결하는 기술로 제국을 완성했고 넥스트 플랫폼인 메타버스 신대륙 개척에 사활을 걸고 있다. 결국 블록체인이 기존 산업과 시너지를 낼 수 있는 동시에 새로운 장르 개척도 가능한 기술이라는 것이 증명되고 있는 셈이다.

프롭테크 기술을 접목한 오프라인 부동산과 모바일 플랫폼 내의 3D 부동산의 구현에서 나아가 메타버스 세상에서의 어스2 같은 가상 지구의 구현과 거래까지 메타버스와 NFT가 실물경제 비지니스 가치에 육박할 규모로 성장하는 데까지 견인해 갈 뉴 스타트업들의 태동과 메타버스 생태계에 올라타는 것이 필요한 시점이다. 10년마다 32배로 성장해 가는 디지털 생태계와 프롭테크, 메타버스 생태계에 올라타는 비즈니스 전개를 해 보는 것은 어떨까?

  저자소개

이준호 LEE JUN HO

주요경력

· 현) MIR마케팅혁신연구소 소장
· 현) 24H러닝스터디카페-카페큐브, 디큐브랩 CEO
· 현) 창직가 활동: Synergy Planner, IMC마케팅컨설케이터, 최고시너지경영자(CSO, Chief Synergy Officer) 사외이사
· 현) 디큐브아카데미, (주)비즈인싸이트
· 현) 디큐브N잡러센터 CSO, 센터장
· 현) 임팩트그룹코리아 CSO, 소장
· 현) 디큐브커리어임팩트 CSO
· 현) (주)MD스터디 CSO
· 현) (주)취업뽀개기 CSO, 상무이사
· 현) 비전공자들을 위한-시너지마케팅대학 CSO
· 현) 미래한국 브랜드평판리포트 국장, 칼럼리스트
· 현) 사단법인 아시아모델페스티벌 조직위원회 CSO 사외이사
· 현) 대한민국베스트브랜드협회 브랜드선정 위원장

사회공헌프로그램 운영 중

· 현) 재능기부미디어-북쇼TV CSO
· 현) 대한민국2030세대의 꿈을 응원하고 후원하는- 엔젤리더드림CSR이너써클 CSO
· 출강기관 및 브랜드마케팅컨설팅, 마케팅전반교육, 머천다이징 전반교육, 교수설계, 취업교육, 창업교육, 창직 교육, 취업캠프, 연수교육, 퍼스널브랜딩교육 등
· IMC 브랜드마케팅 혁신컨설팅(한경희 생활과학, 다원물산, SBS프로덕션, 유진로봇, 특허IPDARLIN, JMW, 아리랑이온, 워터홀릭, 주)CL바이오, 주)에실드, (재)위담한방병원 외 식품, 리테일, 패션, 화장품, 유통, 제조사, 중소/강소기업 등 180여 기업), 소상공인시장진흥공단 창업사관학교 3~4기 총괄멘토링
· 프로젝트(국제이벤트, 행사, IMC마케팅대행, 프로모션, 홈페이지, 쇼핑몰구, 모바일프로젝트, 200가지 등)
· 기업맞춤 교수설계 및 교육진행(삼성전자, 신영와코루, 아모레퍼시픽, IT, 중소기업 등 외 120여 기업)
· MD실무교육(NS홈쇼핑, CU, 신세계백화점, 이마트, 롯데백화점, 등 다수 300여 명)
· 대학교 취업캠프 및 특강 교육(상명대학교, 단국대학교, 경기대학교, 명지대, 대진대 외 20여 대학)
· 취업교육 및 커리어컨설팅(마케팅직업군, MD, BM, CM, 팀장, CMO, 창업 CEO 커리어코칭(3,000여 명/기수별 15년 지속 중))
· 문화예술마케팅 전반: 문화예술마케팅이란, 문화예술마케팅 전략, 뉴미디어 마케팅전략, 전략적 마케팅 기획과정
· 브랜드자산관리확인모델(CSC BBE)개발- 퍼스널, 프로덕트, 컴퍼니로 세분된 브랜드 평가모델

저서

· 『불황기 저성장 시대 실전마케팅 솔루션- 마케팅컨설케이션』, 생각나눔, 2019.
· 『신중년, N잡러가 경쟁력이다』, 브레인플랫폼, 2021.(공저)

· 『ESG 경영』, 브레인플랫폼, 2021.(공저)

· 『메타버스를 타다』, 브레인플랫폼, 2021.(공저)

· 『N잡러 시대, N잡러 무작정 따라하기』, 브레인플랫폼, 2021.(공저)

· 『N잡러 컨설턴트 교과서』, 브레인플랫폼, 2022.(공저)

수상내역

· (사)한국모델협회- 협회운영 및 아시아모델 페스티벌 공헌 감사패, 2007.

· 제2회 국제평화언론대상- 창조경제부문 최우수상 수상, 2014.

· 대한민국베스트브랜드위원회- 컨설팅교육부문 베스트브랜드 대상 수상, 2014.

· 대한민국 인성교육 대상, 2015.

· 대한민국 교육공헌 HRD부문 대상 수상, 2016.

· 글로벌 교육브랜드 취업, 창업, 창직분야 대상 수상, 2016.

제6장

프롭테크의 국내와 해외

허제인

1. 프롭테크(Proptech)의 개요

1) 프롭테크(Proptech)의 정의

프롭테크(Prop+Tech)는 부동산(Property)과 기술(Technology)이 결합된 용어이다. 이미 우리 생활 속에 자리 잡고 있는 핀테크(Fintech)의 경우는 금융(Finance)과 기술(Technology)이 접목한 것이라고 하면 프롭테크는 부동산 산업에 첨단 IT 기술을 접목한 서비스를 말한다.

2) 프롭테크의 등장 배경

기술의 변화를 통해 우리의 일상에서 스마트폰은 없어서는 안 되는 생활필수품으로 자리 잡은 지 오래다. 몇 년 전까지만 해도 외출을 할 때 지갑을 깜박했다며 다시 집으로 돌아가 지갑을 가지러 가는 것은 일반적인 모습이었다. 그러나 최근에는 지갑은 잊어버리고 나와도 스마트폰과 스마트폰 충전기는 외출 시 필수 아이템으로 여기며 혹시라도 잊어버리고 두고 나오면 집으로 달려가는 것을 경험하게 된다.

이제 우리의 일상은 스마트폰 없이는 살 수 없는 세상이 되어 버렸다. 몇 년 전까지만 해도 스마트폰은 가지고 다닐 수 있는 전화기로의 역할이었지만 지금은 전화뿐 아니라 문자, 음악 감상, 동영상 감상, 라디오 청취, TV 시청, 어학기, 녹음기, 내비게이션, 지도 검색, 번역기, 인터넷 검색, 쇼핑, 게임기, 카메라, SNS(블로그, 트위터, 메타), USB 메모리, 전자수첩, 생활 편의 도구(거울, 악기, 무전기, 날씨, 건강체크), 인터넷 방송, 인터넷 뱅킹, 주식 거래, 증강현실, 전자책 등등 그 활용 범위가 무궁무진해지고 있다. 한마디로 인간의 삶을 송두리째 장악해 버린 것이다. 이제는 어른이든 아이든 스마트폰이 없이는 살 수 없는 세상이 되어 버렸다.

이것은 두말할 필요도 없이 기술의 변화를 의미하는 것이다. 이러한 기술의 변화 속에서 가장 느리게 변화의 바람을 일으킨 것이 부동산 업계이다. 즉, 저차원적 기술(Low-Tech) 산업에 속하는 부동산 산업에도 디지털 변혁이 가속화되며 수요자 중심의 서비스 혁신이 확산되기 시작했다. 부동산 산업과 기술의 접목으로 나타난 서비스의 특징은 개발업자와 건설사, 개발금융 등이 중심이 된 공급 산업보다 임대 및 운영 관리, 감정평가, 중개자문, 종합 자산 관리 등 수요자 편의 중심으로 서비스가 빠르게 구축되고 있다는 점이다.

4차 산업 기술과 핸드폰의 만남에서 시작된 혁신이 부동산 산업의 디지털 변혁에도 나타나고 있으며 두드러진 특징은 데이터의 자유로운 활용에 영향을 미친 것이다. 변화의 바람은 선진국을 중심으로 부동산 산업이 제조업을 대체할 서비스 산업의 핵심 부분으로 재인식되었다는 것이다. 이러한 변화의 바람을 타고 각국은 ICT 기술을 활용하여 새로운 서비스를 창출하기 위한 공공부문의 오픈데이터 정책을 앞다투어 추진하기 시작했다.

미국은 2009년 오바마 전 대통령이 공표한 '전례 없는 수준으로 정부를 개방할 것(Open Government Initiative)'을 발표하며 공공데이터를 전면 개방하였다. 2010년에는 영국이 '투명성 어젠다(Transparency Agenda)'를 통해 공공데이터 개방 원칙을 발표하였다. 글로벌 종합 부동산서비스 회사 존스랑라살르(JLL)가 발표한 부동산 투명성 지수(GRETI)에 따르면 영국이 투명성 순위 1위, 미국이 4위를 기록하며 부동산 산업의 디지털 혁신을 주도하고 있는 것으로 알려졌다. 아시아의 순위를 살펴보면 싱가포르(11위), 홍콩(15위), 일본(19위)이 상위 자리에 올라 있는 것에 비해 한국은 40위로 태국(38위)보다도 뒤처진 수준이다.

부동산은 산업적 특성으로 기술이 적용되기 힘들다고 생각했었다. 하지만 기술의 눈부신 발전은 부동산 분야에도 바람을 일으키고 있다. 이것이 바로 프롭테크(Proptech)이다.

3) 프롭테크의 역사

프롭테크의 역사를 살펴보면 미국에서 처음 시작되었다. 1980년대 미국에서 상업용 부동산에 대한 설계, 재무, 중개부문 소프트웨어 업체들이 등장하면서 RE-Tech(Real Estate Technology) 영역이 만들어지기 시작했다. 오토데스크(Autodesk)는 오토캐드(AutoCAD)를 개발하여 디자인 공정을 디지털화하였고, 야디(Yardi)는 부동산 기업들에게 부동산 회계·자산 관리 통합 시스템인 기본 부동산 관리(Basic Property Mgmt)프로그램을 제공하기 시작했다. 코스타(CoStar)는 사무실, 산업부지, 소매점 및 기타 상업용 부동산에 관한 매매·임대 물건 정보, 시세 분석, 임차인 정보 등을 DB로 만든 코스타 부동산 프로(CoStar Property Professional)를 개발하였다.

2000년대 이후부터는 인터넷을 활용한 e비즈니스(e-Business) 사업이 부동산 중개부문에 활발히 적용되면서 대표적인 RE-Tech가 크게 성장해 나갔다. 이 중 가장 큰 변화는 대형 부동산 기업이 합작하여 주택지수가격을 제공하기 시작했다는 것이다. 그 대표적인 사례가 라이트무브(RightMove)가 핼리팩스(Halifax), 컨추리와이드(Countrywide plc), 로열앤드선 얼라이언스(Royal&Sun Alliance), 코넬스(Connells) 등 4개의 대형 부동산 기업이 합작하여 영국의 온라인 부동산 포털 회사를 설립하고 부동산 중개업자들의 매물에 대한 리스팅·검색 서비스를 제공함과 동시에 주택 가격지수를 발표한 것이다.

또한 주택난이 심각한 샌프란시스코에서 온라인 부동산 포털의 정보 한계를 절실히 느낀 두 창업자가 만든 생활밀착형 부동산 정보 제공 포털인 트룰리아(Trulia)는 경쟁사와 달리 범죄 빈도수, 이웃 정보, 통근시간 등의 정보를 구글과 협업하여 인포그래픽 지도로 제공하기도 하였다.

미국 1위 부동산 정보 업체인 질로우(Zillow)는 1억 가구 이상에 대한 세금·매매·임대·대출·인구 정보를 취합하고 분석해 검색엔진을 통한 부동산 정보를 제공하였다. 2015년에 들어서는 질로우(Zillow)가 트룰리아를 35억 불에 인수하여 온라인 부동산 정보 업계에서 확고한 위치를 차지해 나갔다.

프롭테크는 2010년대 들어 유럽을 중심으로 등장한 신 RE-Tech 분야로 모바일 채널과 빅데이터 분석, VR 등 하이테크 요소가 결합된 것이 특징이며 영국이 주도하고 있다는 것도 또 하나의 특징이다. 2008년 부동산 중개 포털을 론칭한 주플라(Zoopla)가 기존 부동산 기업들을 인수하면서 2009년 7백만 파운드 수익달성에 성공하자 이후 프롭테크 스타트업의 창업이 본격화되었다. 벤처캐피탈 스파이어 벤처스(Spire Ventures)가 2014년 유럽 최초의 프롭테크 스타트업 악셀러레이터인 피아이랩스(Pi Labs)를 설립한 것을 계기로 유럽 각국은 프롭테크에 대한 관심과 지원을 확대해 나갔다. 더욱이 북미와 아시아 지역에서도 프롭테크 스타트업의 창업이 급격히 증가하면서 전 세계 프롭테크 기업의 수는 4천 개를 넘기 시작했으며 유치액도 78억 달러에 이르고 있다.

프롭테크 분야에서 중심축을 이루고 있는 국가는 영국과 미국이며 중국이 잠재적 선도 국가로 부상하고 있다. 선도 국가들은 정책적으로 스타트업 생태계를 조성해 나가는 방식으로 프롭테크 산업에 간접적으로 지원을 아끼지 않고 있으며 정부-기업 간 협력 및 투자유치가 용이해지면서 프롭테크 사업은 하루가 다르게 발전해 나가고 있다.

2. 프롭테크의 활용

1) 프롭테크의 4가지 핵심 분야

영국의 옥스퍼드대학 리서치에서 발표한 '글로벌 프롭테크 2020'을 살펴보면 프롭테크는 스마트부동산(Smart real estate), 부동산 핀테크(Real estate FinTech), 부동산 공유경제(The real estate shared economy), 데이터 디지털화와 분석(Data digitalization/Analytics)으로 4개 핵심 범주로 구분할 수 있다. 즉 다시 말해 중개 및 임대, 부동산 관리, 프로젝트 개발, 투자 및 자금조달 분야이다. 그럼 하나하나 살펴보기로 하자.

[1] 중개 및 임대

프롭테크는 부동산 정보를 기반으로 개별 부동산에 대한 물건 정보에 대해 등재부터 데이터 분석, 자문, 중개, 광고 및 마케팅까지 매매 및 임대 관련 정보를 제공한다. 중개 및 임대 영역은 다수의 수요자 확보가 성공요소인데, 플랫폼을 기반으로 성장해 나가기 때문이다. 성공적인 실현을 위해서는 차별화된 정보, 정확한 정보에 대한 신뢰, 비용 효율성 등이 핵심요소이다. 이를 위해 질로우는 제스티메이트라는 부동산 가치 측정 도구를 개발하였으며 리얼커, 레드핀은 각각 디테일한 매물 정보, 수수료 인하 등의 방식으로 시장지배력을 확보해 나가고 있다.

(2) 부동산 관리

프롭테크 기술을 활용하면 에너지 관리, 사물인터넷(IoT), 센서 기술 등 스마트 부동산 기술을 기반으로 한 건물 관리 서비스가 가능하다. 건물주에게 상업용 건물에 대한 보안 및 제어 시스템을 제공하는 KISI, 센서 및 사물인터넷 기술을 이용해 스마트홈 시스템을 구현하는 하이브(Hive) 등이 대표적인 선도 기업이다. 또한 노에이전트(No agent)의 대표 서비스인 중개 및 임대 영역과 연계하여 플랫폼으로의 확장이 가능하며 건물주와 임차인 간 중개, 임대, 부동산 관리 서비스 제공이 가능하다.

(3) 프로젝트 개발

부동산 개발과 관련된 프롭테크 영역으로 건설, 인테리어 디자인, VR/3D 분야 등을 들 수 있다. 개발 진행 과정의 효율적 관리를 지원하며 고도화된 기술을 적용하기도 하고 프로젝트 성과를 예측, 모니터링 하는 소프트웨어를 제공한다. 프로코어(Procore), 아코넥스(Aconex), 라이크(Wrike) 등이 주요 사례이다. 최근에는 메터포트(Matterport), 아이스파이360(Eyespy360) 등 가상현실 기술을 이용하여 3D 설계, 모바일 도면 등을 제공하는 기업들이 주목받고 있으며 부동산 플랫폼에 정밀한 정보 제공에 기여해 나가고 있다.

(4) 투자 및 자금조달

투자 및 자금조달 분야의 프롭테크는 핀테크 기술이 부동산 시장에도 적용된 것으로 크라우드 펀딩과 개인금융 분야로 구성된다. 개인금융의 경우 부동산 중개 영역과 연계하여 소비자 접근성 및 편의성이 강화되고 있다.

2) 국내 프롭테크

[1] 특징

-국내 프롭테크 시장의 빠른 성장으로, 프롭테크의 사업 영역은 초기 부동산 정보 제공 플랫폼 형태에서 부동산 개발, 설계·시공 등으로 다양하게 점차 확대해 나가고 있음.

-정책적 지원의 정부 시책과 함께 건설, 부동산 업계의 디지털 전환 가속화와 함께 프롭테크 산업의 성장은 향후 지속될 전망.

-'21년 8월 기준 국내 프롭테크 관련 기업은 약 278개로 2019년 말 114개에서 2배 이상 증가.

-프롭테크 분야별 누적 투자금액을 살펴보면 2021년 5월 기준 약 1조 6,900억 원 규모로 2017년 이후 연평균 2,000억 원 이상의 투자를 신규 유치하며 빠르게 성장 중.

-누적된 투자금액의 약 65% 이상이 부동산 마케팅 플랫폼 및 공유 서비스 분야에 집중되어 있었으나, 최근의 변화는 다양한 프롭테크 영역에서 신규 투자가 이루어지고 있음.

-초기 프롭테크 기업의 형태는 부동산 정보 제공 플랫폼에 국한되어 있었지만, 최근 IT 기술의 발전으로 부동산 개발, 건축물 설계 및 시공 등 사업 영역이 빠르게 확대되고 있음.

-스마트폰의 보급 확산과 함께 2013년 이후 본격적으로 개방된 부동산 공공데이터를 적극적으로 활용하면서 '직방', '다방' 등의 기업이 1

세대 프롭테크 스타트업으로 등장.

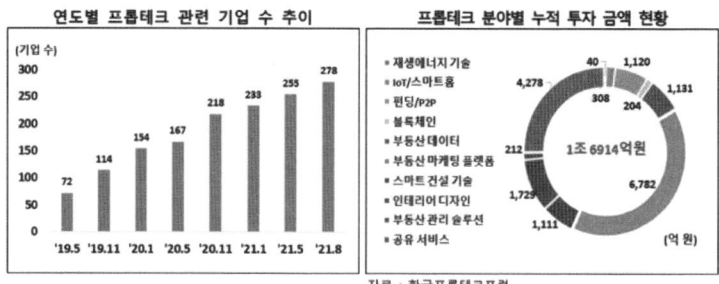

자료: 한국프롭테크포럼
주: '21년 5월 누적 금액 기준 (255개 업체 기준)

　이처럼 빅데이터, 인공지능, VR/AR 등 IT 기술이 급속도로 발전하면서 고도의 기술력을 갖춘 기업들이 최근 건설 및 부동산 전·후방 밸류체인에 활발히 침투하여 부동산 개발, 건축물 설계 및 시공, 부동산 관리 등 상대적으로 디지털화가 미비한 분야에 발 빠르게 진출하며 신시장을 형성해 나가고 있다. 이에 뒤질세라 최근 기존의 부동산 거래중개 플랫폼 기업들도 단순 정보 제공 기능에서 탈피하여 비대면 계약 서비스 및 VR 홈투어 등 다양한 기술을 적용한 서비스를 제공해 나가고 있다.

　이에 발맞춰 전통적인 부동산 개발 및 건설사들도 신사업 영역 확장 및 생산성 향상을 위해 프롭테크 기업과의 사업 협력 및 관련 투자를 적극적으로 진행해 나가고 있다. 이러한 변화들은 코로나19 이후 비대면 서비스 수요 증가 및 디지털 전환 이슈가 부각되면서 프롭테크 기술을 활용하여 신성장동력을 찾는 건설, 부동산 기업의 수가 꾸준히 증가한 변화라고 볼 수 있다.

프롭테크 영역별 주요 서비스 및 기업 현황

프롭테크 영역	주요 서비스 및 사업 모델	주요 기업
설계 및 인테리어	· 인공지능 기반 건축설계 및 실시간 3D 인테리어디자인 · 빅데이터, 인공지능 기반의 인테리어 추천 및 VR/AR 체험 서비스	· 어반베이스 · 아키드로우
시공 및 건설기술	· 드론 기반 현장 측량 및 시공관리 · 프리캐스트(PC) 콘크리트 건축플랫폼	· 엔젤스윙 · 홈플릭스
건설사업관리	· 모바일 기반의 비대면 공사감리 및 공사관계자 협업 툴 제공 · 디지털 현장 데이터 기반의 공정률, 품질 분석 및 안전관리 · 민간 건설공사 입찰 및 건축자재 수급 플랫폼	· 씨엠엑스 · 아이콘 · 엘리콘 · 산군
부동산 개발	· 빅데이터, 인공지능 기반의 부동산 가치 평가 · 빅데이터 기반 사업 타당성 분석 및 부동산 개발 종합 솔루션	· 빅밸류 · 스페이스워크 · 하우빌드
부동산 관리	· 임대부동산 관리 종합 솔루션 (계약, 임차인 관리, 건물관리) · 모바일 기반의 아파트 단지 관리 및 입주민 편의 서비스	· 마이빌딩북 · 아파트너

자료 : 각 사 홈페이지 및 보도자료

주요 건설사의 프롭테크 사업협력 및 투자 사례

기업명	구분	협업 내용
현대건설	지분투자	· 3D 설계솔루션 업체인 '텐일레븐'과 AI기반의 공동주택 3D 자동설계시스템 공동개발 ('텐일레븐' 전체지분의 6% 투자)
우미건설	지분투자	· '18년 이후 '집펀드', '스페이스워크', '어반베이스', '카사', '큐픽스' 등 부동산 거래, VR, 3D 디자인 관련 프롭테크 기업에 약 10건의 투자 집행
대우건설	사업협력	· 아파트 주거생활 플랫폼 업체인 '아파트너'와 협력하여 신규 입주 아파트에 단지 관리 및 입주민 편의서비스 제공
포스코건설	사업협력	· 부동산 VR 콘텐츠 솔루션 업체인 '올림플래닛' 과 MOU를 체결하여 VR 주택전시관 및 체험존 서비스 제공
GS건설	사업협력	· '엔젤스윙'의 드론 솔루션을 활용하여 안전관리, 시공기록 및 관리, 현장 측량 및 토공량 측정

자료 : 한국프롭테크포럼 및 보도자료

3) 해외 프롭테크

[1] 특징

 –2007년부터 미국과 영국에서는 빅데이터 분석과 VR 등 첨단 기술에 기반한 부동산 서비스 기업이 다수 등장하며 눈부시게 발전 중.

–5년간 글로벌 프롭테크 투자액은 무려 10배나 증가.

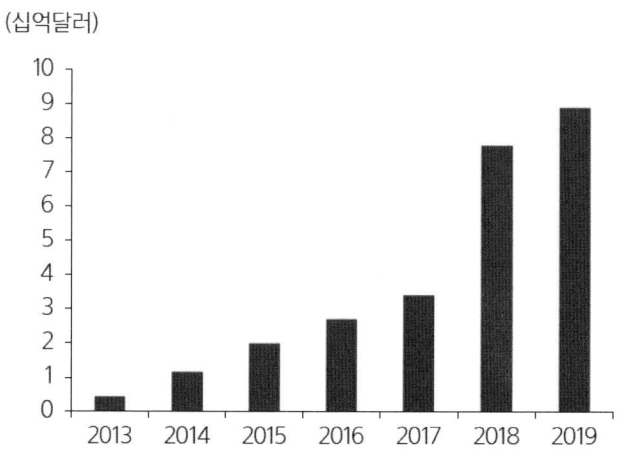

자료: KB경영연구소, CB인사이트

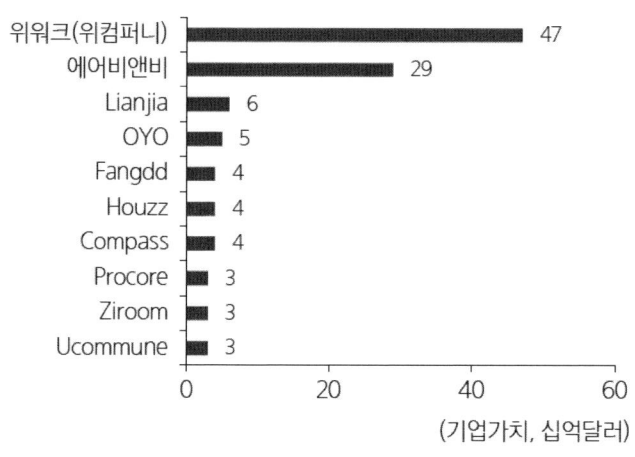

자료: PROPTECH 2020: THE FUTURE OF REAL ESTATE, University of Oxford Research

-데이터의 중요성 강조. 스타트업 얼라이언스가 2015년 10월부터 발표한 자료에 의하면 벤처캐피털로부터 시리즈A(한화 약 10억 원) 이상 투자를 받은 스타트업은 2015년 10월 76개사에서 2020년 9월 807개사로 증가.

-글로벌 프롭테크 열풍으로 약 340개의 유니콘 기업 중 20여 개가 프롭테크 기업이고 테카콘 기업도 있음.

-이전에는 부동산 공급이 절대적으로 부족했기에 공급자 우위의 시장이었으나 현시대는 수요자의 마음에 드는 부동산이 부족한 시대로 변화되면서 수요자 중심의 시장으로 변화.

-부동산 시장이 수요자 중심의 시장으로 변화하게 된 이유는 첫 번째로 오프라인에서 온라인 중심의 디지털 결제로의 전환이며 두 번째는 1인 가구 증가 및 도시 집중화, 세 번째는 모바일에 익숙한 밀레니얼 세대의 영향력이 커졌다는 것.

-전 세계 밀레니얼 세대의 비중은 25%이며 가장 구매력이 높은 세대로 전망.

-밀레니얼 세대의 특징은 정보의 비대칭에 참지 못한다는 것과 시간과 비용 소모를 줄이고자 하는 니즈가 강하다는 것.

-북미 및 유럽 시장은 신뢰할 만한 데이터의 부족으로 프롭테크 대비 성장이 더딘 상황.

-프롭테크는 다양한 영역을 아우르기 때문에 기관별로 구분 방식이 상이함. 'Andrew Baum'은 프롭테크를 기술적 관점에서 스마트부동산(콘테크, 스마트빌딩), 공유경제, 부동산 핀테크 등 3가지로 구분.

글로벌 프롭테크 시장은 4.0시대에 접어들고 있다. 1.0시대는 매물 정보 제공이었다고 하면 2.0시대는 단순 매물 정보에서 벗어나 플랫폼 역할이 강조되기 시작했고 부동산에서도 공유경제가 부상했다는 것이다. 4.0시대는 거대 플랫폼과 건설 역량을 바탕으로 경제적 해지를 구축하는 콘테크(Construction) 기업을 중심으로 산업이 발전할 것으로 예상된다.

다양한 스타트업 기업들의 부상에서 스타트업 기업은 시장지배력을 선점하고 대량의 데이터를 확보한 선도 기업과의 경쟁에서 불리한데, 그 이유는 플랫폼은 네트워크 효과를 가지기 때문이다. 이러한 기업들 사이에서도 서비스 다각화로 틈새시장을 공략한 스타트업 기업들이 최근 급속도로 성장하고 있다. 굿로드(Goodlord) 등 영국의 11개 신생 플랫폼은 주택 계약의 단순화, 중개인 없는 부동산 거래 등 기존 서비스와 차별화된 방식으로 플랫폼 시장에서 경쟁력을 확보해 나가고 있다. 또한 건물 관리·모기지 대출 등을 제공하는 레지던스·금융 기업들과 연계하여 플랫폼 이용자들을 타깃팅하는 통합 서비스화 또한 진행해 나가고 있다. 질로우(Zillow)의 경우 모기지 대출 신청자가 거주지역, 희망대출금액, 연 소득 등에 대한 정보를 입력하면 자체 개발 알고리즘에 따라 금융 회사를 추천해 주는 서비스를 제공하고 있다.

프랑스 ESCP 경영대학원이 발간한 「글로벌 프롭테크 트렌드 2021」에 따르면 글로벌 프롭테크를 주도하고 있는 미국에만 990여 개의 대형 기업이 활동 중이다. 전 세계적으로는 큰 기업만 2,000개에 달한다. 누적 투자금액은 100조 원 이상으로, 우리는 60분의 1 수준이다.

글로벌 프롭테크 기업의 시가 총액 순위

분야	기업	IPO 당시 시가총액	IPO Date	현재 시가총액	시가총액 상승률(%)
부동산테크	Zillow	964	2011-07-20	15,144	1,470
부동산테크	AppFolio	455	2015-06-26	4,768	948
콘테크	SmartSheet	1,928	2018-04-27	5,717	196
부동산테크	GA Technologies	213	2018-07-25	578	172
부동산테크	Kojamo	2,453	2018-06-15	6,149	151
부동산테크	Redfin	1,726	2017-07-28	4,136	140
부동산테크	Real Matters	817	2017-05-11	1,876	130
부동산테크	RateMyAgent	56	2018-07-05	81	45
콘테크	Hoffmann Green Cement Technologies	264	2019-10-21	327	24
부동산테크	Lemonade	3810	2020-07-02	3,290	-14
부동산테크	Vinhomes	13,007	2018-05-17	11,033	-15
부동산테크	Fangdd	955	2019-11-01	689	-28
부동산테크	Jimoty	118	2020-02-07	84	-29
부동산테크	Cushman & Wakefield	3,712	2018-08-02	2,358	-36
부동산테크	Danke Apartment	2,478	2020-01-17	1,534	-38
부동산테크	Q&K International Group	837	2019-11-05	479	-43
부동산테크	Purplebricks	333	2015-12-17	187	-44
부동산테크	Space Market	164	2019-12-20	88	-46
콘테크	SoftTech Engineers	13	2018-05-11	5	-58
콘테크	Zutec Holding	15	2018-03-16	6	-60
부동산테크	Leju Holdings	1,566	2014-04-17	541	-65
부동산테크	Urbanise	135	2014-09-22	37	-73
부동산테크	Alveen	21	2017-09-15	2	-90
부동산테크	BuildingIQ	60	2015-12-17	2	-97
부동산테크	Zoopla	1,628	2014-06-18	매각	
모기지테크	Bankrate	1,500	2011-06-16	매각	
부동산테크	Trulia	633	2012-09-20	매각	
콘테크	RIB Software	473	2011-02-08	매각	
콘테크	Textura	458	2013-06-07	매각	
부동산테크	CoAssets	46	2016-09-05	상장 폐지	

주: 현재 시가총액은 2020.07.31 기준
자료: CB Insights, Bloomberg, 대신증권 Research Center

단위: USDbn

3. 프롭테크 관련 기업 정리

1) 국내 기업 리스트

분야	기업	소개	설립년도	매출액	투자규모	URL
부동산마케팅플랫폼	리퍼블릭	부동산 O4O 서비스	2017	-	10	www.republiq.net
	마이빌딩북	임대차 부동산 종합 관리	2015	-	12	www.wonlab.com
	알스퀘어	사무공간 전문 솔루션	2009	-	158	www.rsquare.co.kr
	친친디산업개발	부동산 개발 O2O 플랫폼	2018	80	-	www.chinchind.com
	피터팬의 좋은방 구하기	부동산 중개 플랫폼	2013	53	62	www.duse.co.kr
	하우빌드	건축사 및 건설사 중개 건축 플랫폼	2007	7	30	www.howbuild.com
	호갱노노	주거 부동산 중개 플랫폼	2015	0.5	23	hogangnono.com
공유서비스	CIC	리테일 상업 공간 개발	2015	30	10	ciccorp.co.kr
	고스트키친	공유 주방	2017	-	121	ghostkitchen.net
	나누다키친	공유 주방 및 식당	2016	24	28	www.nanudakitchen.com
	마이워크스페이스	공유 오피스	2015	18	13	myworkspace.co.kr
	쉐어니도	공유 오피스 및 주거	2016	12	10	www.sharenido.com
	스위트스팟	팝업스토어 플랫폼	2015	-	75	www.sweetspot.co.kr
	스테이즈	부동산 중개 및 공유 주거 서비스	2014	-	67	www.stayes.com
	스파크플러스	공유 오피스	2016	140	600	sparkplus.co
	엔스페이스	부동산 정보, 커뮤니티 공간 기획 및 운영, 사회주택 개발 및 운영	2013	17	12	www.nspace.co
	엠지알브이	코리빙(Co-living) 서비스	2018	50	16	mangrove.city
	작심	교육 공간 운영	2013	200	189	www.zaksim.co.kr
	코리아런드리	세탁 솔루션	2013	117	-	korealaundry.com
	패스트파이브	공유 오피스	2015	425	747	www.fastfive.co.kr
	홈즈컴퍼니	공유 주거 서비스	2015	50	16	mrhomes.co.kr
데이터&밸류에이션	디스코	종합 부동산 정보 플랫폼	2016	23	-	www.disco.re
	리치고	부동산 빅데이터 AI	2019	11	2.5	www.richgo.ai
	스페이스워크	토지 개발 솔루션	2016	-	100	www.spacewalk.tech
	집펀드	맞춤형 부동산 및 금융 정보 서비스	2015	14	-	www.zipadvisor.co
	플라이하이	전자민원 서류 발급 대형 B2B 솔루션	2015	16	13	www.flyhigh-x.com
	쏘시오리빙	ICT 기반의 커뮤니티 주거 서비스	2017	20	9	www.ssocioliving.com
부동산관리	잘살아보세	아파트 종합 관리 솔루션	2017	-	20	www.jalsalda.com
IoT&스마트홈	어웨어	실내 공기질 측정기	2014	36.5	-	kr.getaware.com
건축 솔루션&VR/AR	아키드로우	VR/AR 및 AI 기술을 활용한 인테리어 솔루션	2014	-	23	www.archisketch.com
	어반베이스	3D 공간 데이터 플랫폼	2014	-	100	www.urbanbase.com
	엔젤스윙	드론 데이터 플랫폼	2016	1.7	18.5	angelswing.io
	집뷰	실감형 콘텐츠 기반 부동산 솔루션	2015	60	-	business.zipview.kr
	청소프트&I 개발	개발 프로세스 특화 3D BIM 솔루션	2008	20	50	www.chang-soft.com
	큐픽스	3D 디지털트윈	2015	-	77	www.cupix.com
인테리어	오늘의집	인테리어 플랫폼	2014	242	111	www.bucketplace.co.kr
	인스테리어	빅데이터 기반의 인테리어 플랫폼	2016	13.7	40	www.insterior.com
	집꾸미기	리빙 미디어 커머스	2012	124	90	www.ggumim.co.kr
	집닥	인테리어 견적 및 건축 중개 플랫폼	2015	-	200	www.zipdoc.co.kr
	하우저	가구 클라우드 인프라 서비스	2016	100	76	service.howser.co.kr
자금조달	어니스트펀드	핀테크 투자 서비스	2015	455	334	www.honestfund.kr
	위펀딩	부동산 시장 리서치, 투자자문, 부동산 포트폴리오 투자	2015	35	750	www.wefunding.com
	카사	부동산 수익증권 유통 플랫폼	2018	-	100	www.kasa.co.kr

주: 한국프롭테크포럼 2020 PROPTECH LIST BOOK에 수록된 146 개사 중 매출액과 투자규모를 고려하여 선정
자료: 한국프롭테크포럼, 대신증권 Research Center

단위: 억 원

2) 글로벌 프롭테크 기업 리스트

구분	기업	소개	기업가치/시가총액	URL
상장	CoStar Group	상업용 부동산 데이터 업체	32.78	www.costargroup.com
	Zillow	온라인 부동산 중개 및 검색	15.14	www.zillow.com
	Appfolio	부동산 관리 소프트웨어	4.77	www.appfolio.com
	Redfin	온라인 부동산 중개 및 검색	4.14	www.redfin.com
	Real Matters	모기지 대출 사업자 대상 사업 지원 소프트웨어 제작	1.88	www.realmatters.com
	Zutec	모바일 건설 지원 소프트웨어	0.01	www.zutec.com
비상장	WeWork	공유 오피스	8.00	www.wework.com
	Procore	건설 프로젝트 관리 소프트웨어	5.00	www.procore.com
	SoFi	온라인 모기지 대출 플랫폼	4.30	www.sofi.com
	Opendoor Labs	온라인 부동산 매매 및 재매각	3.80	www.opendoor.com
	Katerra	모듈화 정밀 건설 업체	3.00	www.katerra.com
	Uptake	산업용 AI 소프트웨어 업체	2.30	www.uptake.com
	Desktop Metal	주택 건설용 3D 프린터 제작 업체	1.50	www.desktopmetal.com
	Atom Bank	온라인 비대면 모기지 대출 플랫폼	1.25	www.atombank.co.uk
	Figure Technologies	온라인 모기지 대출 플랫폼	1.20	www.figure.com
	Revolution Precrafted	프리패브(Prefab) 주택 건설 업체	1.00	revolutionprecrafted.com
	Loft	온라인 부동산 중개 및 검색	1.00	loft.com.br
	Aiwujiwu	온라인 부동산 중개 및 검색	1.00	iwjw.com
	Hippo	온라인 주거용 부동산 보험	1.00	www.hippo.com
	VTS	상업용 부동산 사업자 대상 CRM 및 매출 관리 소프트웨어	1.00	www.vts.com
	SMS Assist	부동산 관리	1.00	smsassist.com
	CADRE	상업용 부동산 전문 투자 회사	0.80	www.cadre.com
	Buildium	다주택 주거용 부동산 사업자 대상 매출 관리 소프트웨어	0.58	www.buildium.com
	Better Holdco	온라인 비대면 모기지 대출 플랫폼	0.55	better.com

주: 시가총액은 2020.07.31 기준
자료: Bloomberg, CB Insights, 대신증권 Research Center

단위: USDbn

- 프롭테크 4.0시대, 『부동산산업 새옷을 입다』, 대신증권
- 삼성리서치리포트, 『대체투자 프롭테크 부동산 시장을 바꿀 게임 체인지』, 삼성증권, 2020.09.17.
- 허윤경·김성환, 『프롭테크 기업 부동산 산업의 새로운 미래』, 한국건설산업연구원, 2019.
- 프롭테크협회
- 강준희, 『국내 프롭테크 산업 동향 및 전망』, KDB미래전략연구소산업기술리서치센터, 2021.09.13.
- 경영전략연구팀 박성수, 『프롭테크(PropTech)로 진화하는 부동산 서비스』, KB금융지주 경영연구소, 2018.02.19.
- MOT Consultant, 『프롭테크(PropTech)와 부동산 서비스』, 네이버블로그, 2018.04.05.
- 홍경표 기자, 『시사금융용어 프롭테크』, 연합인포맥스, 2018.04.07.
- 공바니, 『5/10 #1 시사용어 15개 퀴즈』, 네이버블로그, 2018.05.08.
- 노명현 기자, 『프롭테크 접근법②'새 먹거리'로 키우려면』, 비즈와치, 2018.05.10.
- 이선화 기자, 『부동산시장 새 먹거리 '프롭테크' 아시나요』, 중앙일보, 2018.05.25.
- https://www.ajunews.com/view/20210909092640375
- https://www.newstomato.com/ReadNews.aspx?no=1092537
- 이코노믹리뷰(http://www.econovill.com)
- http://wiki.hash.kr/index.php/%ED%94%84%EB%A1%AD%ED%85%8C%ED%81%AC

허제인 HUE JE IN

학력
· 경희대학교 일반대학원 경영학과 경영학 박사
· 단국대학교 정보지식재산대학원 지식재산벤처경영학 석사
· 경희대학교 외국어대학 일어일문 학사

주요경력
· 한양대학교 겸임교수

· 중앙대학교 외래교수

· 제인파트너스 대표이사

· 중소기업기술개발사업 평가위원단

· 충청남도경제진흥원 외부심사위원

· 스마트 소상공인협회 강사

· ㈜테크노경영종합연구소(일본경영컨설팅)

· 아시아나항공(주)

자격사항

· 경영지도사

· ISO 9001/14001 심사원

· 직업상담사 2급

· 커리어컨설턴트

· 신중년전직지원컨설턴트 1급

· NCS직업교육지도사 2급

· 진로지도사

· 관광통역안내사

저서

· 『체험형 워크체인』, 북마크, 2015.(공저)

· 『창업정책보고서 2016』, 서울시, 2016.(공저)

· 『전공으로 보는 직업세계』, 북마크, 2017.(공저)

· 『공공기관 채용의 모든 것』, 브레인플랫폼, 2020.(공저)

· 『창직형 창업』, 브레인플랫폼, 2020.(공저)

수상내역

· 대한민국 문화교육대상 (사)한국문화교육협회(2016)

제7장

글로벌
프롭테크 사례

김기민

1. 들어가며

프롭테크 기업은 국내에만 300여 개에 달하며 미국에는 1,000여 개의 프롭테크 대기업이 활동 중이며, 전 세계적으로는 2,000개에 달하는 대기업이 있다. 스타트업 기업을 합산한다면 수만 개의 프롭테크 기업이 운영 중이며, 프롭테크 관련 누적 투자금액은 100조 원 이상으로 빠르게 성장하고 있다.

프롭테크는 크게 4가지 비즈니스 영역으로 구분되며 중개 및 임대, 부동산 관리, 프로젝트 개발, 투자 및 자금조달로 구분된다. 영국이 2009년 처음 프롭테크를 주도하며 시작되었으며, 유럽, 북미에서 선도하는 가운데 중국이 급부상하고 있는 추세다. 중개 및 임대 영역에서는 국내의 직방, 다방과 같은 모바일 부동산 플랫폼이 주된 역할을 하며, 최근에는 부동산 관리, 크라우드 펀딩 등 타 영역으로도 부동산 플랫폼이 확대되고 있으며, 4차 산업혁명 기술인 VR, 블록체인 등의 기술을 통해 고도화된 지능화 서비스가 등장하고 있다.

본 장에서는 전 세계의 다양한 프롭테크 기업을 4가지 비즈니스 영역으로 구분하여 소개한다. ① 중개 및 임대 영역은 주로 부동산 중개 플랫폼이 있으며 구매자 또는 임차인과 판매자 또는 임대인을 연결해 주는 부동산 물건 정보 제공, 자문, 부동산 거래, 광고 서비스 등의 서비스를 제공한다. ② 부동산 관리 영역은 스마트 부동산 기술을 활용한 임차, 건물 관리 서비스를 제공한다. 주로 IoT 기술을 통해 스마트홈 시스템을 구현하거나 상업용 건물에 대한 보안, 제어하는 시스템 등이 있다. ③ 프로젝트 개발 영역은 건설, 인테리어 디자인 분야로서, VR이나 3D 기술을 활용한 부동산 개발과 관련된 서비스를 제공하며, VR 기술을 활용한 3D 설계, 모바일 도면 등의 서비스가 대표적이다. ④ 투자 및 자금 조달 영역은 부동산 시장에 핀테크, 블록체인 기술을 도입하여 크라우드 펀딩과 개인금융 서비스를 제공한다. 주로 부동산 중개 플랫폼과 연계하여 소비자의 안전한 부동산 거래와 접근성 향상을 목표로 하는 서비스가 있다.

2. 글로벌 프롭테크 사례 1: 중개 및 임대

빅데이터 기반의 임대인-임차인 매칭 플랫폼: Houzen

Houzen의 설립자 Saurabh Saxena는 부동산 거래 프로세스를 증권 거래소와 유사하게 만드는 것을 목표로 Houzen 프로젝트를 시작하였다. Houzen은 부동산 수요와 공급이 지속적으로 업데이트되고 해당 데이터를 기반으로 사용자의 부동산 거래에 최적화된 상품을 필터링 및 추천해 준다. 즉, 임대인 및 임차인의 데이터를 분석하여 소비패턴, 주거형태, 위치 등이 가장 최적화된 매칭을 주선하는 것이다. 임차인은 자신에게 가장 최적화된 주택을 임대할 수 있고, 임대인은 현재 플랫폼에 올린 주택에 가장 적절한 임차인을 추천받을 수 있는 것이다.

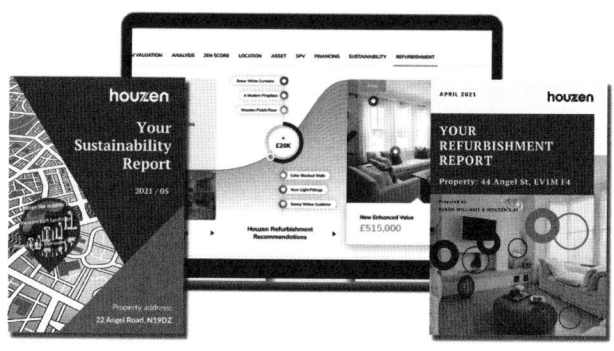

3D 시각화 정보를 활용한 부동산 중개 플랫폼: HOVER

HOVER는 고객이 거주할 수 있는 공간의 정확한 표현을 제공하는 데 중점을 둔 플랫폼으로 3D 기술을 활용하여 주택 내부 공간을 가상 환경으로 옮겨 플랫폼 사용자에게 제공한다. 기존 부동산 거래 플랫폼에서 텍스트 및 사진 기반으로 부동산 거래 정보를 표시하던 것에서 더 나아가 3D 가상 환경을 통해 더욱 투명하고 정확한 정보를 사용자에게 제공할 수 있는 기술을 개발하였다.

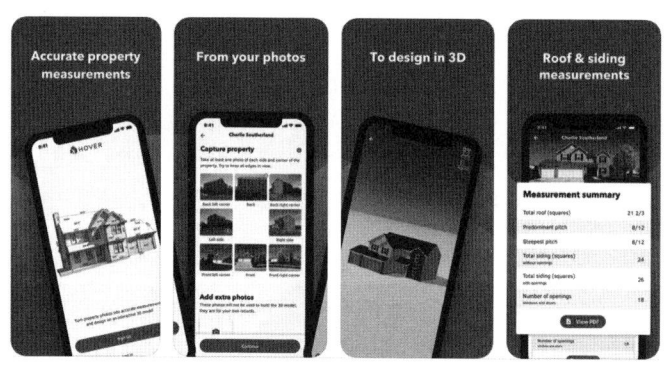

AI 기반 부동산 상담 챗봇: Blyng

　Blyng은 영국에서 서비스 중인 AI 기반의 가상 비서 챗봇으로 부동산 거래 상담을 24시간으로 제공할 수 있는 메시징 플랫폼이다. 다양한 프롭테크 비즈니스에 적용하여 24시간 실시간 AI 챗봇 서비스를 구현할 수 있도록 개발하였다. Blyng은 자연어 처리를 통해 부동산 소유자, 구매자 및 세입자 등 모든 사용자의 질문을 이해하고 구분할 수 있다.

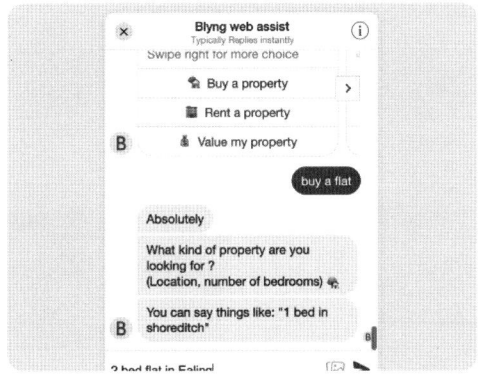

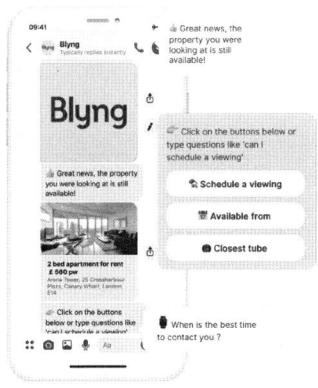

LifeStyle 최적화 부동산 중개 플랫폼: Compass

 Compass는 구입 또는 임대하려는 주택에 대한 정보를 개인의 라이프스타일에 초점을 맞춰 분석 및 정리해 제공하는 플랫폼이다. 현재는 미국 뉴욕에서 LA에 이르기까지 10개 주에서 서비스를 하고 있다. Compass의 목표는 부동산이 가지고 있는 개인 정보보다는 거주하는 사용자의 라이프스타일에 더욱 초점을 맞추었으며, 해당 지역의 날씨, 이웃에 대한 정보, 주요 지역으로의 교통편 등을 사진과 함께 가독성 있는 인터페이스로 제공하고 있다.

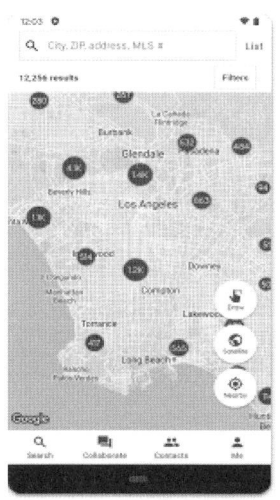
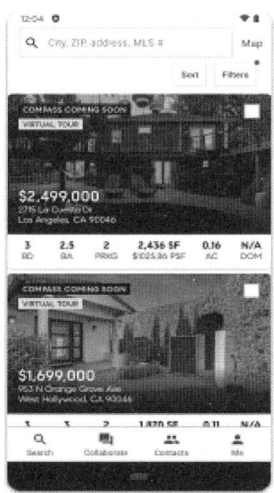

 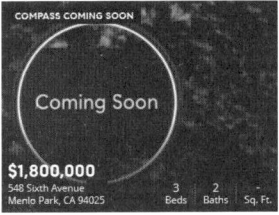

중국 최대 부동산 중개 플랫폼: LianJia

Lianjia는 중국에서 가장 큰 부동산 중개 플랫폼으로 2001년에 설립되어 데이터 기반의 부동산 플랫폼을 개발하였다. 중고, 신축, 임대, 체류부동산, 해외부동산 등 모든 종류의 부동산 중개 데이터를 제공하고 있으며 중국에서 유일하게 주택 데이터를 클라우드에서 관리하여 중국의 모든 부동산 중개 플랫폼 데이터의 중심으로 자리 잡았다. 전국적으로 8,000여 개의 오프라인 직영 부동산 중개소를 운영하고 있으며 중국 전체 97%의 부동산 매물을 관리하는 세계 프롭테크 분야 기업 순위 Top 3에 드는 초거대 부동산 플랫폼이다.

Second House에 초점을 맞춘 부동산 중개 플랫폼: Pacaso

Pacaso는 기존의 부동산 플랫폼과 다르게 거주하고자 하는 부동산의 거래보다는 임대를 목적으로 구매 및 관리하는 2차 주택(별장)에 대한 다양한 서비스를 제공하는 플랫폼이다. Pacaso는 2차 주택에 대해 다자간 투자 및 관리, 2차 주택 구매 및 임대 관리 등 서비스를 제공하고 있으며, 2020년 설립되어 15억 달러를 투자받은 프롭테크 관련 스타트업 기업 순위 Top 10에 드는 신생 기업이다.

3. 글로벌 프롭테크 사례 2: 부동산 관리

공용주택 관리 플랫폼: acasa

asasa는 2014년에 영국 런던에서 시작된 서비스로 가정집의 공과금 및 임대료 관리 플랫폼이다. 공과금 청구서 지불 방식을 간소화하고 실시간으로 모니터링할 수 있는 서비스를 제공하며, 최근에는 TV 수신료, 임대료, 에너지 효율 관리 등 다양한 서비스를 간편하고 쉽게 처리할 수 있도록 하였다. 특히, 기숙사나 공동 거주 공간에서 공과금을 거주하고 있는 구성원의 수에 따라 자동으로 나누어 지불되도록 관리해 주며, 인터넷 비용이나 넷플릭스와 같은 네트워크 비용도 관리할 수 있다.

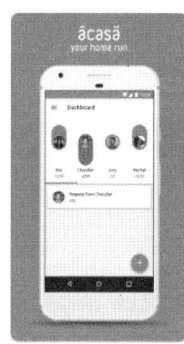 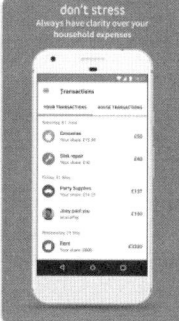 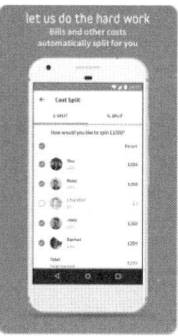 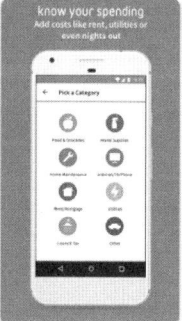

빅데이터 기반 부동산 가격 예측 플랫폼: Gleensite

Gleensite는 빅데이터 및 AI 기술을 기반으로 부동산 가격에 대한 예측 분석을 제공하여 구매, 구축 또는 임대 위치의 결정을 지원하는 플랫폼을 개발하였다. 현재 전 세계의 부동산 빅데이터를 구축하여 사용자가 원하는 지역의 부동산을 탐색하면 해당 위치의 현재 부동산 가치와 미래 가치를 분석할 수 있다. 개인화되고 실시간으로 업데이트되는 서비스 인터페이스에 사용자가 다양한 규모의 공간과 시간을 메타버스 환경에서 구현하는 서비스도 제공하고 있다.

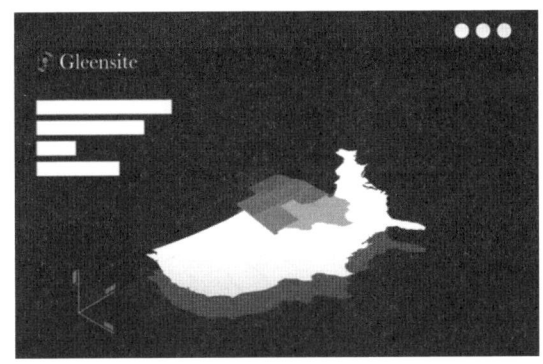

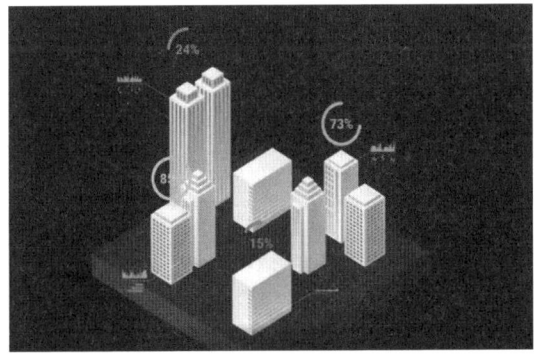

부동산 자산 정보 관리 플랫폼: Homesnap

Homesnap은 중개인 및 소비자에게 부동산 관리 서비스를 제공하는 온라인 모바일 플랫폼으로 재산세 기록, 인구 조사 데이터, 지리적 데이터 등을 결합한 부동산 정보를 모바일 앱을 통해 제공한다. Homesnap은 사용자에게 완전한 부동산 자산 정보에 직접 접근하여 관리 및 모니터링하는 것을 최종 목표로 하고 있다. 현재는 부동산 중개 및 거래 서비스를 메인으로 부동산 관리 및 데이터 분석 기능을 부가적으로 제공하고 있다.

부동산 자산 관리 자동화 플랫폼: ManageCasa

ManageCasa는 2016년 미국에서 설립되어 운영 중인 프롭테크 기업으로 임대인과 임차인 모두에게 현재 거주하고 있는 자택에 관련된 모든 자산을 자동으로 관리하고 모니터링할 수 있는 서비스를 제공하는 플랫폼을 제공한다. ManageCasa를 통해 임대인과 임차인은 자동화된 비용 지불, 자택 관리 등을 통해 커뮤니케이션을 간소화하여 쉽고 간편하게 부동산 자산을 관리할 수 있다.

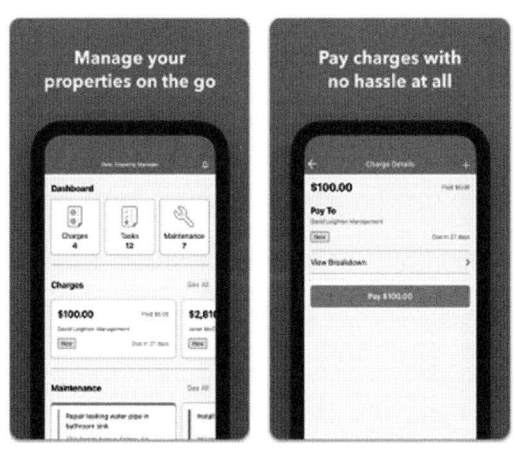

중국의 부동산 자산 관리 자동화 플랫폼: Ke Holdings(Beike)

Ke Holdings은 중국에서 두 번째로 큰 프롭테크 기업으로 Lianjia의 부동산 중개업 기능을 제공하지만 부동산 자산의 관리 자동화 서비스에 더욱 초점을 맞춘 모바일 앱 기반 서비스 플랫폼이다. 보유한 부동산 데이터 풀이 Lianjia에 비해 부족하지만 기능 면에서는 Lianjia의 단순 부동산 중개 서비스보다 더 다양한 서비스를 제공하고 있어 높은 성장 잠재력을 가지고 있다.

부동산 보험 플랜 제공 플랫폼: Kin Insurance

Kin Insurance는 모바일 앱을 통해 간소화된 주택 보험 플랜을 제공하는 플랫폼 서비스를 운영하고 있다. 특히 자연재해가 발생하기 쉬운 지역의 재산에 대한 보장을 제공하는 데 중점을 두고 있다. 미국에서 발생할 수 있는 허리케인, 홍수, 산불, 지진에 대한 보험이 주를 이루고 있다. Kin Insurance는 2018년부터 2021년까지 1,760%의 어마어마한 성장률을 보여 주며 대표적인 프롭테크 스타트업 기업으로 주목받고 있다.

4. 글로벌 프롭테크 사례 3: 프로젝트 개발

건축 비용 추적 플랫폼: Qflow

Qflow는 건축 프로젝트에서 발생할 수 있는 모든 비용적 문제를 추적하고 관리할 수 있도록 지원하는 모바일 앱 기반의 플랫폼 서비스이다. Qflow를 통해 건축 자재 구매, 폐기물 처리, 설비 및 장비 임대 비용 등을 실시간으로 관리하고 예산을 관리할 수 있다. Qflow는 건축 프로젝트에서 발생하는 탄소 배출 문제를 해결하기 위해 탄소 배출 범위와 폐기물 처리 프로세스의 관리를 통해 탄소 배출량 저감 및 폐기물 비용 절감을 목표로 서비스를 제공하고 있다.

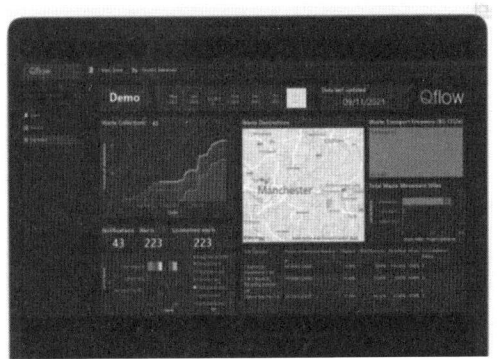

가상 3D 모델링 플랫폼: 3DUniversum

3DUniversum은 AI, 딥러닝, 머신러닝 분야의 전문 기업으로 가상 3D 모델링 및 3D 인쇄, 스캔 서비스 플랫폼을 개발하였다. 특히 부동

산 시장에서 유용한 응용 프로그램을 개발하였으며 특수 장비를 사용하지 않더라도 실내 공간의 360도 파노라마 스캔을 빠르고 저렴하게 제공한다. 촬영한 데이터를 기반으로 평면도, 3D 가상 환경 데이터, 공간 축적 등 다양한 형태로 제공한다.

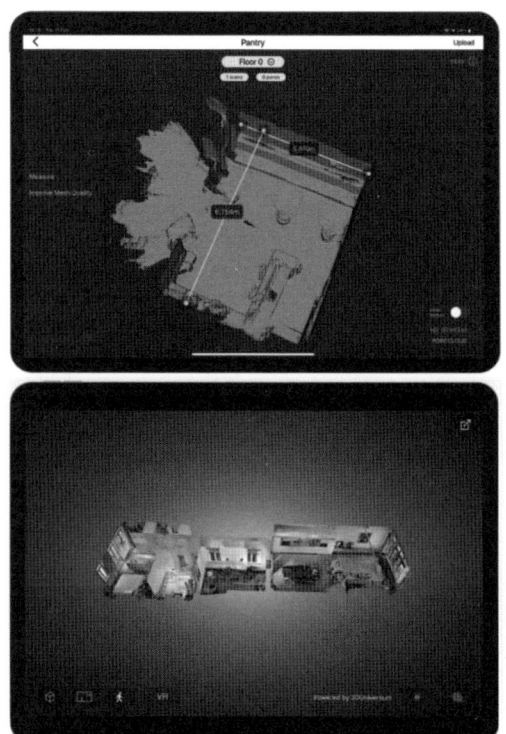

부동산 개발 검토 플랫폼: HomeViews

HomeViews는 부동산 개발 및 위치에 대한 검토 플랫폼으로 부동산 구매에 필요한 잠재적인 데이터를 제공한다. 부동산 개발 검토를 위해 해당 부동산에 관련된 리뷰를 수집하여 자연어 처리 기반 분석과 부동산 전문가의 분석을 통해 부동산이 가지고 있는 잠재적 가치와 리스크 분석을 수행한다. 현재 영국 지역 부동산에 대한 1만여 개 이상의 리뷰를 수집하여 영국 전역 부동산에 대해 서비스를 수행하고 있다.

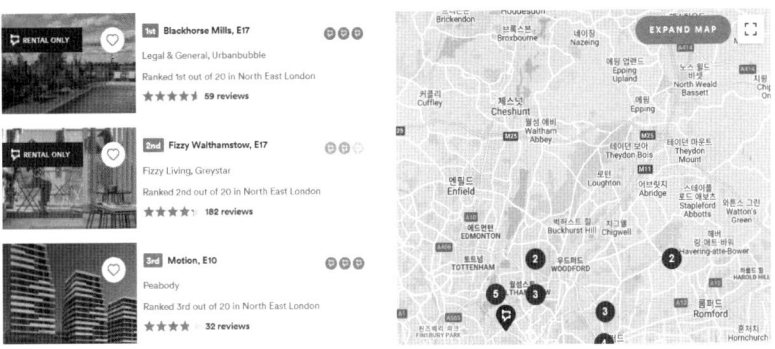

3D 건축 현장 관리 플랫폼: HoloBuilder

HoloBuilder는 미국에서 2015년에 설립된 프롭테크 신생 기업으로 최첨단 건설 진행 관리 솔루션을 제공하는 플랫폼을 개발하였다. 사용자는 건축 단계에서부터 3D 인터페이스를 통해 제공되는 360도 가상환경을 통해 가상 건축 시뮬레이션, 안전사고 예측 등의 서비스를 이용할 수 있다.

5. 글로벌 프롭테크 사례 4: 투자 및 자금조달

부동산 금융 솔루션 플랫폼: Landed

  Landed는 미국의 부동산 금융 솔루션 플랫폼으로 신뢰할 수 있는 부동산 중개인 및 대출 기관, 임차인 등 모든 부동산 거래 이해당사자가 부동산 거래에서 발생하는 비용 거래에 보안을 구축할 수 있는 서비스를 제공한다. 부동산 거래 금액의 20%를 Landed에서 부담하는 자금 솔루션 서비스를 제공하고 있으며, 그 외 부동산 거래에서 발생하는 모든 복잡한 프로세스를 대리로 처리해 준다.

블록체인 기반 부동산 투자 플랫폼: Brickblock

Brickblock은 부동산 투자 기회를 확대하는 동시에 블록체인을 사용하여 부동산 투자 프로세스를 단순화하고 가속화하는 것을 가능하게 하는 플랫폼을 개발하였다. 또한 블록체인 기술을 활용함으로써 투자 범위를 글로벌 규모로 확장하여 대규모 투자 네트워크를 위한 인프라를 구축하였다. 그리고 부동산 거래 관련 법률 및 기술 전문성을 갖추고 있어 투자자에게 안전하고 규정을 준수하는 프레임워크를 제공한다.

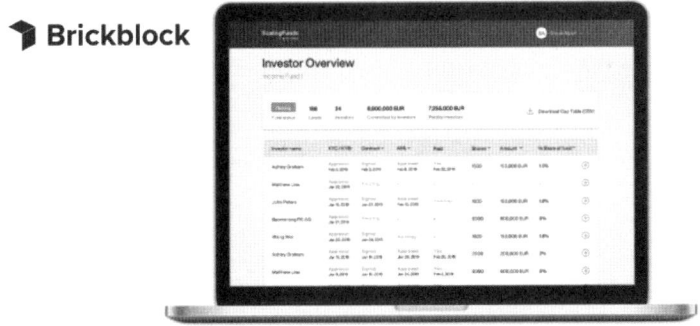

AI 기반의 부동산 대출 플랫폼: Proportunity

Proportunity는 금융 기술 회사로 최근 부동산 관련 분석 및 대출 플랫폼에 대규모 투자를 진행하여 현재는 세계 순위권 안에 포함되는 프롭테크 기업으로 성장하였다. Proportunity는 AI 기술을 활용하여 대출이 필요한 건축업자, 임대인, 임차인 데이터를 분석하여 사용자에게 필요한 대출을 제공한다. "Help to Buy"라는 비즈니스모델을 활용하여 기존 부동산 대출 예금 및 이자율보다 더 유리한 방향으로 사용자에게 대출을 제공한다.

6. 시사점

글로벌 프롭테크 시장은 4차 산업혁명의 첨단 기술을 기반으로 빠르게 성장하고 있다. 현재 국내 프롭테크 시장은 세계의 1/60로 아직 성장하고 있는 시기이기에 글로벌 프롭테크 기업들의 우수 사례를 벤치마킹하고 국내의 우수한 정보 기술을 융합하여 글로벌 프롭테크 시장을 선

두할 수 있는 가능성과 역량을 보유하고 있다고 생각한다. 또한 메타버스 기술을 활용한 프롭테크 발전 가능성도 주시할 필요가 있다. 이미 전 세계적으로 가상 환경 속의 부동산 거래가 시작되었으며 세계 각국에서 메타버스 세상의 부동산을 점유하기 위한 경쟁이 활발하게 이루어지고 있다. 본문에서 서술한 글로벌 프롭테크 기업의 사례에서 볼 수 있듯이 부동산 기업과 첨단 기술 기업의 파트너십과 투자를 통해 아날로그 기반의 전통적인 부동산 시장을 혁신화하고 지능화시키는 노력이 국내에 반드시 필요하다.

참고문헌

· Archistar, 「The 10 Most Exciting PropTech Companies of 2020」, 2020.10.
· Ascendix, 「8 Leading PropTech Companies in 2022: Overview」, 2022.02.
· Builtworld, 「Proptechmap Europe 2021」, 2022.02.
· Crunchbase, 「What's Next For Proptech In 2022? More Investment In Construction, Optimizing For The Gen Z Renter, And M&A」, 2022.01.
· dot.LA, 「Five LA-based PropTech Companies to watch in 2022」, 2021.12.
· Exploding Topics, 「Top 21 Proptech Startups in 2022」, 2022.01.
· Ground Report, 「The 10 Largest PropTech Companies in the world」, 2021.12.
· Hubble, 「Official list of London PropTech Companies in 2020」, 2021.08.
· InformationAge, 「Top 10 PropTech companies aiming to change the property market」, 2020.04.
· KB금융지주 경영연구소, 「프롭테크로 진화하는 부동산 서비스」, 2018.02.
· KisiBlog, 「The Top 5 Best Proptech Companies」, 2020.12.
· KOTRA, 「Loft 사례로 보는 브라질 프롭테크 시장 트렌드」, 2021.10.
· RetailOn, 「미국의 프롭테크 채택사례 시사점」, 2021.09.
· Splento, 「Top 20 Proptech Startups going places in 2021」, 2021.03.
· University of Oxford, 「PropTech 3.0: the future of real estate」, 2017.04.
· 이코노믹리뷰, 「걸음마 뗀 'K-프롭테크' 잠재력은 선진국」, 2021.11.

저자소개

김기민 KIM KI MIN

학력
· 서울사이버대학교 건축디자인학과 졸업
· 미국 캐롤라인대학교 경영학과 석사 재학 중

경력
· ㈜동이E&C 부사장
· ㈜동이코리아 자문위원

제8장

프롭테크가 타고 갈 메타버스

이창택

1. 서문

코로나19는 우리 삶을 매우 빠르게 변화시켰다. 화상을 통한 미팅은 이제 자연스러워졌고, 전시회나 유명 가수 콘서트도 가상 공간에서 열리고 있다. 어느 대학에서는 입학식도 가상 공간에서 치러졌다 하고, 배달 문화로 인해 식당의 테이블이 있던 공간은 유휴 공간이 되었고, 온라인 강의로 대규모 강의실은 비워졌다. 재택근무로 사무실도 텅 비어 있다.

그런데 제페토에는 2억 명이 놀고 있다. 돈의 흐름도 바뀌었고 이에 따라 사람들의 생각도 바뀌고 있다. 미래학자들은 5년 걸려 변할 것이 한꺼번에 몰아서 변화된 것 같다고 말하면서, 이렇게 변화된 상황은 코로나19가 종식되어도 원래대로 돌아가지 않을 것이라고 예측한다. 새롭게 경험한 편리함은 비가역적인 속성으로서, 그 시작이 비록 강제적이었다 하더라도 되돌아가지 않으려 한다는 것이다. 게다가 변화는 적응하지 못하는 사람들을 배려해 주지 않은 채 빠르게 흘러간다. 결국 우리는 이 변화에 적응해야 하며, 적응한다는 것은 우리가 그 생태계 안으로 직접 들어가 능동적으로 비즈니스모델을 연구, 개발한다는 것이다.

지금 전 세계 프롭테크는 3.0시대에 접어들었다고 한다. 1.0시대가 정보의 디지털 전환이었다면 2.0시대는 데이터 분석과 공유경제의 접목이고 3.0시대는 블록체인, 핀테크 등 신기술 도입으로 요약된다고 삼성증권 보고서(2020.09.)는 말한다. 필자는 여기서 프롭테크 3.0시대, 나아가 4.0시대를 이끌어 갈 신기술에 대하여 고찰함으로써, 변화하는 세상을 어떻게 이해하여야 하는지 그 방향을 제시하고 아울러 그 변화 속에서 프롭테크 산업은 어떤 방향으로 흐르게 될 것인지를 독자들과 같이 생각하는 계기로 삼고자 한다.

2. 상상하는 모든 것이 가능한 세상

Web 1.0은 홈페이지에 들어가서 게시된 것을 읽고 보는 것이라면 Web 2.0은 플랫폼이 장악한 시기였다. 플랫폼을 통해 거래도 하고, 플랫폼을 통해 소통도 하는 시기로서 막대한 돈이 플랫폼에 몰렸지만 그 비즈니스모델은 결국 기존의 미디어와 같은 광고일 뿐이었다. Web 3.0 시대가 열리는 지금 인류는 메타버스의 온라인 공간으로 이주하고 있는 중이다. 인류는 디지털 지구로 이주하고 있다고 말하는 학자도 있다. 10년 후의 세상은 디지털 지구와 현실이 공존하는 세상이 될 것이라는 말이다. 최근 페이스북은 메타로 회사명을 바꿨다. 앞으로 바뀔 지구의 모습을 미리 그려 보고 준비하겠다는 것이다. 그때가 되면 디지털 세상에서 일상생활을 하게 되며, 그 생활이 비즈니스로 이어질 수도 있게 된다. 블록체인으로 연결된 서울에 있는 컨설턴트와 뉴욕의 클라이언트가 MR을 착용하고 영국의 부동산에 대한 개발 계획을 논의할 수 있다. 이 부동산의 소유권은 NFT로 증명되며, 이들이 사용하는 언어는 말하는 즉시 그 사람의 목소리로 자동 번역되어 상대에게 전달될 것이고, 미팅을 마친 뒤 클라이언트는 컨설팅 비용을 암호화폐로 컨설턴트의 지갑에 이체시킬 것이다.

미국 게임 플랫폼 로블록스를 보자. 여기에 하루 4천만 명이 들어와 놀고 있다. 상점도 있고 영화관도 있다. 현실에 있는 모든 것 그 이상, 상상할 수 있는 모든 것이 있을 수 있다. 크리에이터의 상상력으로 물리 법칙을 뛰어넘는 건축물도 만들어 내고, 놀다 배가 고파 자장면을 시켜 먹고 싶을 때 현실로 돌아올 필요 없이 거기서 바로 주문하게 된다. 이런 변화에 대응하기 위해 외국의 온라인 쇼핑몰이 메타버스에 속속 입점하고 있다. VR, AR, MR을 통해 그 세계에서 오는 신호를 오감으로 느끼게 되는 이 세계는 우리가 곧 경험하게 될 3차원 디지털 공간, 메타버스다.

출처: 빅스크린

극장을 가상으로 구현한 Bigscreen을 보자. 가상을 현실처럼 구현하고 거기서 친구들과 팝콘을 먹고 영화 감상을 하는, 현실이 그대로 반영된 세계를 구현하고 있다. 여기에 헝가리 친구들과 함께 모여 동계 올림픽도 시청하며 쇼트트랙도 같이 볼 수 있다. 바야흐로 경계라는 단어가 사라지는 세계가 오고 있다.

과거 원시 농경 시대 말과 사람의 발이 이동 수단의 전부였을 때 인류의 활동 영역은 그가 살고 있던 마을에 한정되었으나 어떤 이의 호기심에서 시작한 인류의 문명은 세상으로 퍼져 나갔고, 인류는 수 세기를 거치면서 문화의 흥망을 경험했다. 이렇게 쌓인 지혜는 이제 새로운 세계, 디지털세계로 이주하려 하는 것이다. 디지털 지구가 된다는 것은 현실이 없어지고 무시되는 것이 아니라 중심은 여전히 현실에 있게 되고 인류의 활동 영역이 확장되는 것이다. 우리 우주에 수없이 많은 은하가 있듯이 현실 지구에는 수없이 많은 디지털 지구가 생길 것이고 아직 현실에서 은하와 은하를 연결해 주는 다리는 없지만, 디지털 세상에서는 서로를 연결해 주는 다양한 브리지들도 출현하게 될 것이다. 이미 제페토에는 2억 명이 들어와 이런 세상을 만들고 있다. 이들은 말 그대로 Next Generation의 중심이 될 것이고, 이들이 성장하면 완전히 성숙된 메타 세상에서 제페토를 우리 세대가 어렸을 적 냇가에서 고기 잡고, 들판에서 뛰어놀던 그 느낌으로 기억하게 될 것이다.

3. 디지털 트랜스포메이션

   디지털 트랜스포메이션이 완성되면 메타버스와 현실세계는 하나처럼 움직이고 두 생태계는 암호화폐를 사용하고, IoT가 두 세계를 연결하는 브리지가 된다.

   닐 스티븐슨이 그의 SF 소설 『스노 크래시』에서 메타버스라는 말을 처음 사용한 이래, 메타버스 세상은 현실과 가상이 결합되어 구분 없이 만들어지고 있다. 게임을 예로 들면 물리적 세계가 디지털을 흡수하여 참여자가 물리적 세계에서 불가능하던 것 중, 할 수 있는 것들이 많아지고 물리적 세계에서 한계가 있었던 사고의 폭이 제약 없이 넓어지고, 다른 크리에이터가 생각한 것을 또 발견하고 그 위에 새로운 것을 다시 창조하고, 인류가 문화를 발전시킨 단계처럼 메타버스는 발전한다. 이와 반대로 역시 게임에서 놀다가 온라인 쇼핑이 필요하니 그 안에서 쇼핑도 하게 되고 바이어가 생기니 이들을 타깃으로 하는 마케팅도 생겨나, 새로운 비즈니스모델도 자연스럽게 형성되는 형태가 있게 될 테니 이들 두 경우가 상호 작용을 하면서 메타버스는 발전해 나간다. 이처럼 디지털 문화가 성숙되어 가는 과정을 디지털 트랜스포메이션(DT)이라 말할 수 있다.

   좀 더 구체적으로 표현하자면 우리는 AR, VR, MR이 우리의 오감을 자극할 때 메타버스라는 것을 인지하게 되지만, 그 저변에는 암호화된 블록체인 기술이 경제 생태계를 이루고 있다는 것이다. 즉, 시각적 장비를 통해 본 가상 체험들이 본질이 아니라 오프라인상에서 이뤄지는 모든 경제생활 방식들이 디지털로 이동하는 것, 이것이 메타 세상의 본질이다. 여기서는 신분증이 온라인 ID로 바뀌어, 비자도 필요 없게 되고, 소유권이라든지 지적 재산권 즉, 개인의 고유한 권리는 모두 블록체인을 기반으로 한 NFT에 의해 증명된다. 성균관대 안유화 교수는 이 세상을 경제 주체들 간의 신용 문제를 수학적 알고리즘 기술로 해결해야 하는 세상이라고 함축하여 말한다. 이런 이유로 이것을 트윈지구라 한다.

디지털 세상은 블록체인 기반으로 만들어지므로 사용하는 경제 원칙도 당연히 블록체인 기반이어야 하며, 사용할 화폐는 암호화폐이어야 한다. 디지털세계와 현실세계가 분리되었던 상황이라면 두 세계의 경제 원칙 자체가 다르더라도 문제가 되지는 않는다. 하지만 이제 메타버스 세상에서는 두 세계는 긴밀하게 연결되어 있고, 두 경제 원칙이 일치되어야 하는 문제가 생긴다. 최근까지는 스마트폰이 이 역할을 원시적으로 해 주었다. 네이버페이나, 카카오페이 등 중앙화된 은행에 기반을 둔 화폐를 사용하면서 말이다. 하지만 이들은 중앙화된 은행에 기반을 둔 화폐이기 때문에 탈 중앙화된 메타 세상에서는 더 이상 사용될 수 없다. 따라서 메타 세상에서도, 현실에서도 같이 통용될 수 있는 블록체인 기반의 화폐, 암호화폐가 사용되어야 하는 것이다. 이 암호화폐는 개인의 지갑 속에 들어 있어, 거래를 할 때 개인의 신분을 보증하며, 지갑을 장착한 스마트폰이 두 세계를 연결해 주게 된다. 스마트폰 외에도 이와 같은 역할을 해 주는 사물인터넷(Internet of Things, IoT)이 속속 등장하게 되는데, 움직이는 아이폰이라 말하는 테슬라 자동차와 같은 IoT의 출현은 이미 자동차를 넘어 두 세계를 연결해 주는 브리지 역할이 필요해졌다는 것을 의미한다. 큰 건물이 생기면 부속 건물이 필요하다, 큰길이 생기면 샛길이 필요해져 핏줄같이 도로망을 형성시킨다. 메타버스 세상으로부터 새로운 기회가 오고 있는 것이다.

4. 메타버스를 먼저 탄 기업들

1870년 캘리포니아에 있는 줄리언이라는 마을 개울가에서 발견된 금덩어리는 골드러시의 시작이었고, 너도나도 앞다투어 서부로 몰려들었다. 그야말로 먼저 줍는 자가 임자였던 시대였다. 주식이든 코인이든 자본주의가 만들어 낸 게임 법칙에는 늘 있는 자가 주도권을 쥐게 된다. 흙 수저가 그 클럽에 들어가려면 방법은 금맥을 캐러 서부로 달려가던 개척자의 통찰력을 가지고 새로운 게임 질서에 빨리 들어가 있는 것이다.

코로나19 때문에 미국 래퍼, 트래비스 스캇은 게임 포토 나이트 속에서 온라인 콘서트를 열었고, 1,230만 명의 동시 접속 기록을 세웠다고 한다. 실제 공연장에 가 보면 가수는 저 멀리 점으로 보이는데 메타 세상 속에서는 주인공이 거인만큼이나 큰 모습으로 생생하게 공연하고 있으니 팬들의 만족도가 아주 높았을 것으로 여겨진다.

출처: Fortnite travis scott full ver., 슈퍼치킨

　오프라인 세상을 모두 온라인 세상으로 옮겨 온 배달의민족은 우리나라에 있는 식당, 치킨가게를 거의 전부를 거울 속에 넣었다. 디지털 거울의 세계를 완벽하게 구현한 것이다. 독일에 매각될 당시 기업 가치가 4조 원에 이르렀다.

　스마트 밴드, 삼성 헬스, 스마트 체중계, 각종 SNS를 이용해 내가 생활하며 보고 느끼고 듣고 만나는 모든 느낌을 기록한다. 내 삶이 디지털로 복제되고 있다. 라이프 로킹이다. 나의 경험을 공유하면서 자랑하고 위로받고 관계를 형성하는 과정에서 새로운 비즈니스 관계까지 발전할 수 있게 된다.

　가상현실 게임인 Second Life, 아바타 앤쉬청은 게임 속에서 드림랜드라는 부동산을 개발했고, 3년 만에 연 매출 250만 달러를 올리는 기업으로 성장했다. 지금도 유저들이 드림랜드를 이용하고자 할 때는 매 달 20달러 이용료를 내야 된다고 한다. 실물 부동산을 구입하려면 많은 규제가 있다. 그러나 디지털 세상의 부동산에는 규제가 없다. 세금도 없 다. 이 점을 일찌감치 간파한 것으로 보인다.

인간이 창조하는 미래는 메타버스이다. 앞으로 10년간 어떤 세계관 을 갖고 살아야 할지 깨달음을 주는 사례들이다. 판세가 어디로 흘러가 고 있는지 전체를 볼 필요가 있다.

5. NFT가 만든 세상

그간 온라인상의 창작물은 다운로드해 무한 복제할 수 있어, 희소가 치라는 개념이 없었다. NFT의 등장은 이런 개념 자체를 바꿔 버린 획 기적인 기술이라 말할 수 있다. 2017년 이더리움은 전 세계 컴퓨터를 연결, 블록체인으로 구성하겠다는 선언을 한 뒤 이더리움 체인상에서 구동되는 새로운 암호화폐 기술, 토큰 기술 중 하나를 등장시켰고 이를 NFT(Non-fungible Token, 대체불가능한 토큰)이라 불렀다. NFT는 블록체 인 기술을 이용하여 소유권을 인증함으로써 메타버스에서 인증 툴로 사 용할 수 있는 가능성을 보여 주고 있는데 그중 하나가 희소성 있는 뭔가 를 NFT 토큰화하여 거래할 수 있게 한 것이다. NFT가 소유권을 증명 해 주니, 온라인상에서 아무리 흘러 다녀도 소유권은 언제나 증명되고,

이 점이 사람들의 관심을 끌어, 2021년 7~8월 거래량, 거래금액이 10배 이상 뛰고 돈이 집중된 것이다.

6. NFT가 만들 세상

NFT의 시작은 이와 같이 희소한 무엇인가에 소유권을 부여하는 데 있었으나, 더 중요한 개념은 메타 세상에 거래되는 대상의 소유권 인증 수단으로 사용될 수 있다는 것이다. 앞의 사례에서 앤쉬청은 부동산 거래에서 소유권을 주고받을 때 그 증명을 NFT를 통해 할 수 있다는 것이다. 사이버 공간에 있는 자산이 누구의 소유권인지를 확인시켜 주는 등기권리증이며, 그 정보를 블록체인의 각 노드가 분산 보관하는 것이다. 현실세계에서도 같은 개념이 적용될 수 있다. 현실 부동산 소유권도 당연히 NFT를 통해 증명될 수 있으며, NFT의 거래를 통해 실물이 움직이게 된다.

자본 시장에서 시가총액이 높은 기업의 특징은 모두 닷컴 버블이 터진 이후 사람과 사람을 연결해 주는 역할을 하는 플랫폼 기업이라는 것이다. 페이스북 같은 기업이 시가총액 Top에 올라 있는 것처럼 말이다. 하지만 누군가와 페이스북을 통해 연결되어 잡담은 하는데, 더 이상 비즈니스로 발전되지 못하는 것은 두 사람 간의 신용이 담보되지 않아서이다. 신용이 배제된 연결은 이런 한계 때문에 더 이상 발전되기 어렵다. 지금 거래에서의 신용은 은행을 기반에 두고 있다. 앞서 설명한 네이버페이나 카카오페이 모두 은행이 중개 기관 역할을 하고 있다. 블록체인 기반에서는 수학적 알고리즘으로, NFT가 이 신용 문제를 해결해 준다. 거래내역은 모두 모든 블록에 암호화해서 기록되니, 신용이 전제된 연결이 가능하게 된다.

방송 3사에 의해 독점되고 있던 방송권에서 이제 유튜브를 통해 개인 중심의 미디어 세상이 만들어졌으나 본질적으로 결국 유튜브라는 플랫폼에서 벗어나지 못하고 있다는 문제를 가진다. 수익도 대부분은 유튜브가 가져가는 구조이다. NFT는 그게 아니다. 플랫폼은 내가 선택할 수 있게 된다. NFT로 올린 어떤 것의 소유권이 나에게 있게 된다는 의미이고 그것은 내가 플랫폼을 선택할 수 있다는 뜻이다. 고려대 김승주 교수는 플랫폼이 협동조합 형태로 운영되어 개인의 권리가 보장될 것이라고 말한다. 여기서 발생되는 수익을 유튜브가 가져가는 것이 아니라 참여한 조합원이 지분에 따라 배당받는 형태를 예상할 수 있다.

7. NFT는 어떤 모습이어야 하나?

메타 세상에 이런 기여를 하고 있는 이더리움도 그 확장성에서 심각한 문제가 있으니, 첫째가 직렬식 처리 방식에 따른 속도 지연 문제이다. 블록체인에 기록될 때 한 건 처리하고 다음에 다른 한 건 처리하는 방식이니 전 세계 거래 물량을 처리하려면 많은 시간이 소요된다. 좀 빨리 처리하려면 가스비(수수료)를 더 내야 하는 구조이다. 둘째는 저장 용량의 문제이다. 세계 인구가 거래할 때마다 세계의 모든 노드에 저장하게 되면 얼마 못 가 저장용량이 초과하게 될 것이다. 셋째로 이용자가 올리는 NFT의 가치문제이다. NFT 토큰화할 때 가스비를 받았으니 그 정보는 영원히 보관해 줘야 하는데, 영원히 보관할 만큼 보관 가치가 있는 정보가 실제로 얼마나 되겠는가 하는 문제이다.

이들 문제의 핵심은 둘만의 거래인데 둘을 인정해 주는 중앙 기관이 없는 구조이니 둘 사이에 사적인 거래로 끝낼 수 없어 모든 노드에 모두 기록하고 있다는 데 있다. 성균관대 안유화 교수는 이에 대한 방안으로서 개인의 신원을 블록체인 기반으로 증명할 수 있는 기술이 있어야 한다고 말한다. 지금까지 중앙 기관에서 해 오던 효율적 역할을 블록체인 상에서 해 주는 기술이 있어야 거래의 효율성과 블록체인의 보안성을 살릴 수 있다는 말로 이해된다. 둘 사이의 거래이니 둘의 신원을 중앙 기관이 하듯이 블록체인이 증명해 준다면, 전 세계 참여 노드에 그 거래 내용을 모두 기록하여 트래픽을 걸리게 할 필요 없이, 거래가 가능하게 된다. 블록체인의 본질이 데이터를 저장하는 것이지 모든 사람이 다 거래내역을 증명하기 위해 동원되어야 하는 것이 아니기 때문에 이런 주장이 가능한 것으로 보인다.

신기술이 등장하면 돈이 선순환되기 시작하며 시장은 확장되고 이에 따라 버블도 생긴다. 이후 거품이 꺼지며, 시장은 안정화되는데, 이때

살아남은 알짜 기술을 가진 기업은 이후 급속한 성장을 한다는 것을 우리는 이전 경기순환 사이클을 통해 학습한 바 있다. 〈매일경제〉 뉴스는 이더리움에서 솔라나로 점유율이 이동하고 있다는 분석을 기사화하였다. 카카오의 블록체인 프로젝트인 클레이튼도 기존 이더리움의 한계를 극복하고자 만들어진 솔루션이다.

완전히 개념이 무르익지는 않았지만 탈 중앙화 자율조직, 즉 대표자 없이 공통의 목적을 가진 이해 당사자가 블록체인상에서 모여 자율적으로 의사결정을 하는 기구가 있다. 다오(DAO, Decentralized Autonomous Organization)이다. 다오는 NFT를 주식처럼 다룬다. NFT를 가지고 있는 사람들이 서로 증명 가능하며, 주주 총회 하듯이 투표를 통해 의사결정도 할 수 있다. 이를 통해 공통의 목적으로 스타트업을 만든다면 투자 받기 위해 그렇게 어렵게 노력할 필요도 없이 그 조직 자체로서 운영하게 될 수 있으니 파급력이 커질 수 있다.

8. NFT가 돈이 되려면?

NBA 사진을 NFT 토큰화했더니 그게 비싼 가격에 팔렸다는 것은 잘 알려진 얘기다. 그렇다면 왜 사진 한 장이 이렇게 비싼 가격에 거래될 수 있었을까? 그 사진의 소유권을 NFT가 증명해 주어서인가? 필자는 아니라고 생각한다. NFT는 디지털 증명서 이상도 이하도 아니다. 사진한 장이 비싼 이유는 NBA 스타에 대한 팬층을 기반으로 하였기 때문이다. NFT 토큰화한다는 것은 소유권을 디지털화한다는 의미일 뿐, 그 자체가 가치를 높여 주는 것이 아니라 실물 가치가 뒷받침해 주어야 한다는 의미이다.

프롭테크 쪽으로 눈을 돌려 부동산 리츠의 예를 들어 설명해도 같은 결과가 나온다. 부동산 리츠의 지분을 NFT 토큰화한다 해도 그 자체로 가치가 상승하는 것이 아니다. 대상 자산에 대한 비즈니스모델을 통해 기초 자산 가치가 높아질 때 NFT 토큰의 가격이 올라가는 것이다. 정리하자면 메타버스를 타기 위한 기본 증명서가 NFT가 되고, 현실에 있는 무엇이든지 NFT로 증명될 수 있지만 메타버스에서 가치를 인정받기 위해서는 현실의 가치가 뒷받침되는 비즈니스모델이어야 한다. 그것이 프롭테크 섹션의 공유 공간일 수도, 획기적인 3D 가상 공간을 통한 인테리어 스타트업이라 할지라도 말이다.

9. 블록체인의 역할

4차 산업혁명 시대에 필수적인 기술은 무엇인가? 고려대 김승주 교수는 '4차 산업혁명, 왜 블록체인을 요구하는가?'라는 강연에서 블록체인의 역할을 다음 4가지로 분류하고 있다. 다음 내용은 강연 내용을 필자가 요약 재구성한 것이다.

첫 번째 탈 중앙화에 기여한다. 현재 단계 문제는 플랫폼의 독점화에 있다. 앞서 'NFT가 만들 세상'에서 잠시 언급하였지만, 작가가 열심히 창작하여 플랫폼에 올리면 플랫폼이 수익의 대부분을 가져간다. 유튜버가 열심히 콘텐츠를 만들어 유튜브에 올리면 수익의 대부분은 유튜브가 가져가는 구조는 플랫폼의 독점화에 의한 것이다. 콘텐츠를 블록체인상에 올린다면 블록체인의 장점인 탈 중앙화를 이룰 수 있고 블록체인이 협동조합 형태의 경제모델을 구현할 수 있게 한다. 페이스북과 같은 거대 기업이 독점하는 플랫폼 형태에서 참여자 모두는 지분을 갖게 되며 그 지분에 따라 수익을 나눠 갖게 된다. 아마존에 대항하는 쇼핑몰로서 오픈바자, 블로그로서 Steemit, 유튜브에 대비되는 Dtube와 같은 블록체인 기반의 플랫폼들이 속속 만들어지고 있다.

두 번째 정보의 투명성을 가져온다. 금융 기관의 예로 들면 지금은 정보 비대칭으로 인해 소비자는 이자율 빼고 아는 것이 하나도 없다. 내 신용등급이 결정되는 이유조차 모른다. 금융 기관이 권력화되어 있다고 볼 수 있다. 블록체인은 모든 정보가 투명하게 공개되므로 정보 독점이 해소된다.

세 번째 정보의 불변성이다. 블록체인에 기록된 데이터는 원저작자라 할지라도 수정할 수 없어 위·변조가 불가하다.

네 번째 같은 데이터가 여러 곳에 저장되어 내 데이터가 못 쓰게 되면 다른 곳에서 카피할 수 있어 무 중단 시스템을 만들 수 있다.

10. 블록체인과 데이터

위에서 블록체인의 역할을 고찰하였는바, 여기서 또 하나의 중요한 역할, 데이터 Gathering에 대해 설명하고자 한다.

나이키는 애플과 손잡고 홈 트레이닝 앱을 무료로 깔아 준다. 사용자들은 별생각 없이 운동 관리도 되고 모니터링도 할 수 있으니 이 앱을 사용한다. 애플은 이들이 사용한 앱으로부터 데이터를 추출, 분석한다. 예를 들어 30대 직장인과 40대 직장인의 운동 특성을 분석하고 여기에 적합한 운동화를 개발한다. 이렇게 수집한 데이터로 애플은 전 세계에서 홈 트레이닝 관련 데이터를 가장 많이 보유하고 있게 된다. 이 데이터는 단순히 운동복의 개량뿐만 아니라 헬스케어에도 적용할 수 있고, 홈 트레이닝을 위한 실내 구조도 건설 회사와 협의하여 개선할 수 있게 된다. 이것은 데이터의 중요성에 대한 한 사례이다.

진정한 스마트 팩토리의 개념은 어떤 자원이 언제 어디에서 필요할지 판단해, 공장이 자동으로 돌아가고, 생산된 상품이 필요한 곳으로 배송될 수 있게 자동 분류되어 소비자에게 도달하게 되는 것이다. 그야말로 Mass Customizing을 실현해 준다. 이것을 가능하게 하는 것, 이것이 데이터이다. 소비자들의 소비행태를 분석하고, 시장을 세분화하여, 타깃을 설정해 필요한 곳으로 상품을 배송하는 기초자료가 데이터이다.

지금 시대에는 거대 기업들이 데이터를 각자의 방식으로 수집한 뒤 독점한다. 위 나이키와 애플의 예와 같이 처음에는 데이터를 수집하기 위해 무료로 앱을 깔아 준 뒤 독점적 지위에 올라가면 이제 수수료 갑질이 시작된다. 이들 기업은 대량의 데이터를 보유하고, 이를 기반으로 인공지능을 개발하고, 개발한 인공지능으로 더 많은 데이터를 수집, 이를 바탕으로 더 성능 좋은 인공지능 개발, 슈퍼 파워의 지위를 지속적으로 유지하게 된다.

정보가 블록체인에 저장되면 누구에게나 공유될 수 있어, 빅데이터 분석을 할 수 있게 되고 그 결과를 맞춤형 비즈니스에 연결할 수 있게 된다. 사용자가 블록체인에 자기 데이터를 올리고, 올리는 대가로 암호화폐를 받는다면 데이터는 투명한 공간에 모이게 되고 데이터의 독점적 편향이 사라지게 된다.

11. CBDC 암호화폐

암호화폐는 블록체인 기반으로 만들어지고 각 노드들이 블록화된 원장의 진실 여부를 확인해 주면 그 보상으로 암호화폐를 부여하는데 이것을 채굴이라 한다는 것은 이미 알고 있을 것이다. 그렇다면 이렇게 유통되고 있는 암호화폐가 화폐로서 속성을 갖기 위한 조건은 무엇인지 알아보도록 한다. 우선 화폐의 기본 속성은 사용자 간 합의에 있다. 많은 사람이 합의해서 어떤 것을 화폐로 하기로 하면 화폐가 된다. 우리가 사용하는 지폐는 그저 종이일 뿐이다. 이 종이를 화폐로 하기로 합의한 것이고 거기에 국가가 강제하면 한 나라에서 통용되는 화폐가 된다.

지금 대표적으로 알려진 비트코인이나 이더리움의 탄생을 보면 기본 취지가 탈 중앙화였다. 기본 속성이 국가에 등을 지고 있으니, 국가가 여기에 권위를 부여하기 어렵다. 2021년 9월 엘살바도르가 세계에서 처음으로 비트코인을 법정통화로 인정했다고는 하니 이제 비트코인이 세상에서 사라질 일은 거의 없다고 보인다. 다만 세계적인 통화수단으로 사용하려면 그래도 경제 메이저가 인정해야 된다. 최근 중국이 기축통화인 달러에 대응하는 전략으로 CBDC(Central Bank Digital Currency) 기반의 e-CNY를 발행하고 한참 테스트 중인 것 같다. 금번 동계 올림픽 기간에도 이 화폐의 기능에 오류가 없는지 검토하기 위해 올림픽 참가 선수단, 기자에게 사용을 허용하고 있다는 기사도 있다. 화폐로 사용되기 위해서 유통되는 과정에 작은 결함이라도 있다면 큰 경제적 파장이 있을 것이기에 개념을 현실화하기 위해 노력하고 있는 것으로 보인다.

이렇게 메타버스 생태계에서 혈액과 같은 암호화폐는 서서히 자리 잡아 가고 있으며, 기존의 민간이 주도한 암호화폐보다는 정부가 권위를 부여한 CBDC 화폐가 메타버스에서 역할을 하게 될 것이다. 지금 생성된 수많은 암호화폐가 메타 세상의 참맛을 보기 전에 사라질 것이라는 예측이 가능한 이유이다.

12. 인공지능

　10만 개의 너트에서 0.2초 안에 95% 이상 정확도로 불량품을 판정하는 AI(Artificial Intelligence)를 경희대 이경전 교수가 개발하였고, 이를 공장 시스템에 적용하였는데 이 사례를 통해 인공지능의 개발 과정을 살펴보면, 우선 볼트의 결함을 유형별로 분류하고, 분류된 결함의 사진을 형태별로 약 1,000장 정도 모아, 옥스퍼드에서 개발한 VGG라는 무료 모델을 이용하여 1주일 정도 만에 완성했다고 한다. 이로써 두 명이 꼬박 하루 걸리던 업무를 기계가 더 높은 정확도로 더 빨리 수행할 수 있게 하였다. 이경전 교수는 이 사례를 통해 인공지능의 개념을 "인간은 인공지능을 사람처럼 생각하는 기계를 만드는 것이 아니라 사람이 준 목표를 실행하기 위해 감지하고 행동하는 기계를 만드는 것"이라고 설명한다. 사람처럼 생겨 청소도 하고 빨래도 하면 좋겠지만, 깡통로봇처럼 생겨 청소를 원하는 인간의 목표를 달성해 주기만 하면 된다는 의미로 이해된다. 이런 관점을 가지고 메타버스 속 인공지능의 역할을 살펴보도록 하자.

　위키리스크(http://www.wikileaks-kr.org)의 최석진 기자는 메타버스 속 인공지능의 역할에 대해 다음 다섯 가지로 구분하여 설명하고 있다.

　첫째 정확한 아바타를 생성함으로써, 아바타의 얼굴 모습과 감정 표현, 나이에 맞는 특성을 보다 정교하게 만들어 보다 현실감 있는 아바타가 되게 한다고 말한다. 둘째 디지털 인간을 만드는 데 인공지능이 필수적이라고 말하며, 언리얼 엔진(Unreal Engine)이나 소울 머신즈(Soul Machines) 같은 기업들은 이미 디지털 인간 구현에 맞춰 투자를 준비 중이라고 설명한다. 셋째 언어 변환 기능을 설명하며 인공지능의 핵심 영역이라고 말한다. 실제로 메타 세상 속에서 우리말로 대화하는 것을 거의 즉시 정확한 외국어로 번역하여 대화자의 목소리로 상대에게 전달한다면, 그간 늘 어렵게만 느끼던 언어의 벽을 AI가 뛰어넘을 수 있게 도와주는 것이다. 넷째 가상현실의 무한 확장을 언급한다. 인공지능이 기존에 있던 데이터를 입력하면 새로운 데이터를 출력하고 그 데이터와 인간의 피드백을 학습한 인공지능은 인간의 개입 없이도 새로운 세상을 확장하게 된다는 것이다. 마지막으로 그는 직관적 인터페이스에 대하여 말하고 있다. 사용자가 정교한 인공지능 지원 헤드셋을 착용했을 때 그 기기의 센서는 사용자의 전기적·육체적 패턴을 분석·예측하고, 메타버스 내에서 어떻게 움직이고 싶어 하는지를 정확히 짚어 낼 수 있게 한다고 말하고 있다.

13. 메타버스, 승차권

우선 아래 내용은 유튜브 〈티타임즈TV〉의 내용을 필자가 요약, 재구성한 것임을 밝힌다.

메타버스는 아직 완성된 기술이 아니고, 여기에 사용되는 하드웨어들도 완벽하게 구현된 것은 아니며 여전히 발전되고 있다. 이미 알려진 AR(Augmented Reality), VR(Virtual Reality) 외에 이들을 혼합한 MR(Mixed Reality)이 개발되는 것처럼 현재 기술이 한 단계, 한 단계 진화하면서 발전되어 나아갈 것이다. 3D 영화에서 보듯이 홀로그램을 이용한 아바타가 AI에 의해 실물과 구별하기 어려운 모습으로 보일 수도 있다.

VR은 잘 알려진 바와 같이 가상현실을 구현하는 기술이다. 가상현실을 구성하는 각종 디지털 정보들을 시각, 청각, 촉각을 통해 인간에게 전달하여 디지털세계를 인지할 수 있게 한다. 사람이 현실이라고 착각할 만큼 현실에 가까운 세상을 만드는 것이 목표라 할 수 있으나, 사용자의 현실 속, 감각 중 특히 촉각, 후각을 완벽히 차단 못 하므로 이질감이 생기고 콘텐츠 속 움직임과 현실의 움직임 차이로 장시간 사용 시 멀미를 호소하는 사례도 있다고 한다. 머리에 착용해야 하므로 무게도 중요한 요소이다. 최근에 성능이나 가격이 많이 개선된 오큘러스 퀘스트2 등이 출시되고, 삼성 애플 등에서도 VR과 의자 등 주변기기들을 준비하여 가상세계에 대한 몰입도를 높이려는 노력을 계속하고 있다.

AR, 증강현실은 어떤 장면이나 공간을 볼 때, 현실에는 없지만 스마트폰과 같은 어떤 기기를 통해서 보면 그 기기에 덧붙여져서 보이게 하는 기술이다. 사용자의 현실 환경에 따라서 실시간으로 가상 정보를 제공하기 때문에 현실세계와 가장 밀접한 기술이라는 평가를 받는다. 현실을 차단하는 VR의 방식이 아니라 현실을 기반으로 작동하는 기술이므로, 가상으로의 몰입도는 낮지만 일상에서의 활용도가 높은 것이 특징이다.

출처: <티타임즈TV>

VR과 AR의 장점을 결합한 형식으로, MR가 있다. 현실세계 위에 가상현실의 요소들을 결합하는 기술이다. 현실과 상호작용을 할 수 있다는 AR의 장점, 그리고 몰입감을 줄 수 있다는 VR의 장점을 살려 현실을 기반으로 가상 공간을 덧씌워 보여 주거나 2차원 그래픽을 3차원으로 입체감 있게 보여 준다.

14. 프롤로그

<MKTV 김미경 TV>에서 김미경 선생은 "오프라인 세상에서는 곁눈질로 보이면 보인다. 그러나 온라인 세상은 내가 들어가 보지 않으면 있

는지조차 모른다"라고 말한다. 백문이 불여일견, 꽤 오래된 말인데 여기서도 쓰이는 말이다. 최근 2년간 대학에 입학한 학생들은 학교에 제대로 한번 가 보지도 못했다. 봄날 학교 잔디밭에서 빙 둘러앉아 잡담하다 노래도 부르다 막걸리도 한잔하던 그런 캠퍼스를 한 번도 경험해 보지 못했다는 것은 참 안타까운 일일 것 같지만, 아마 필자 세대의 생각일 것 같다. 지금 세대는 이미 이 문제를 문제로 느끼지 않고 있다. 그들은 가상 공간에서 학교도 만들고 잔디밭보다 더 재미있는 놀이 공간도 만들고 친구들과 잡담도 한다.

이상빈 작가는 그의 저서 『부동산의미래: 프롭테크』에서 부동산 시장에서 돈을 버는 11가지 스마트 기술을 소개하고 있다. 지금까지 고찰한 바에 따르면 이들 기술은 프롭테크 3.0까지는 사용될 수 있을 것이라 본다. 결국 프롭테크는 4.0으로 발전할 것이고 이때에는 메타버스 속의 프롭테크를 상상해야 한다는 결론이다. 공유 오피스가 되었든 팝업 스토어가 되었든 거래는 메타버스 속에서 암호화폐를 이용하게 된다.

발 빠르게 직방에서는 메타폴리스를 만들었다. 코로나19가 강제한 재택근무용 가상 공간이지만 프롭테크 기업이 앞으로 거대한 메타버스가 될 수 있는 선도적 역할을 하고 있다는 점에서 고무적인 일이라 할 수 있다. 이들 기업이 메타버스 생태계를 발전시킬 위의 기술들을 이용하여 디지털 지구를 만들고, 인류의 활동 영역을 무한히 확장하는 데 일조하기를 기대한다.

참고문헌

- 이상빈, 『부동산의 미래: 프롭테크』, 쌤앤파카스, 2021.
- 성소라·롤프 회퍼·스콧 맥러플린, 『NFT 레볼루션』, 더퀘스트, 2021.
- 김상균, 『메타버스 디지털지구, 뜨는 것들의 세상』, 플랜비디자인, 2010.
- 김미경 외 8명, 『세븐테크 3년후 당신의 미래를 바꿀 7가지 기술』, 웅진지식하우스, 2022.
- 삼성증권 보고서, 「대체투자, 프롭테크 부동산 시장을 바꿀 게임체인저」, 2020.
- 대신증권 보고서, 「프롭테크 4.0시대 부동산산업 새옷을 입다」
- 유튜브, 홍사훈의경제쇼, https://www.youtube.com/watch?v=bVD9KMa-tos
- 유튜브, 김미경TV, https://www.youtube.com/watch?v=BDPX9tz-aFI
- 유튜브, CTS기독교TV, https://www.youtube.com/watch?v=t9_3JNJosiI
- 유튜브, 티타임즈, https://youtu.be/N4JqUCVm8JY
- 최석진 기자, WIKI프리즘, https://www.wikileaks-kr.org」

저자소개

이창택 LEE CHANG TAEK

학력
· 성균관대학교 기계설계학과 졸업
· Caroline University 철학석사과정

주요경력
· 항공기 엔진부품 수리개발 전문가
· 한국산업인력공단 항공산업기사 과정평가형 평가위원

자격사항
· 항공기 정비사
· 항공기 터빈엔진 정비사
· B747-400 Aircraft Maintenance Training Course 수료
· PW4000 Maintenance Training Course 수료
· CFM56 Maintenance Training Course 수료
· GE90 Maintenance Training Course 수료(Wales)
· 직업능력개발훈련교사

· 과학기술인(등록번호 11413563)

저서
· 『공공기관 채용과 면접의 기술』, 브레인플랫폼, 2022.(공저)
· 『항공기 엔진부품 수리학 개론』, 2023.(출간 예정)

수상내역
· 대한항공 사장표창(제안 1등급- Life Limited Part History Traceability Program 구축에 따른 비용 절감), 2004.

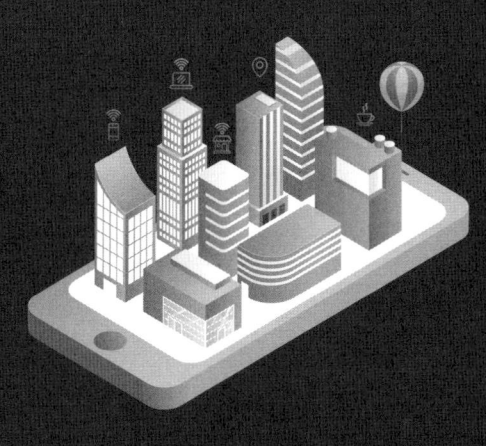

제9장

프롭테크와 NFT 증권형 토큰의 시대

김재우

1. 프롭테크, 부동산 시장의 혁명이 된다

앞으로 메타버스의 시대가 될 것으로 예상하는 전문가들의 의견은 한결같다. 특히 이미 시장 참여자들의 대부분이 20대의 젊은층으로 이들이 현실 자산 시장에 들어올 경우 더욱 미래가 밝다.

자산 중에서도 부동산 자산은 그간 청년층에게는 남의 이야기 정도로 떠올릴 만큼 자산을 취득하기도 어렵고 경직된 구조를 갖고 있는 분야다. 하지만 IT 기술과 결합하는 프롭테크는 부동산이라는 다소 경직된 산업 구조에 유연한 서비스를 결합한 형태로 이뤄질 전망이다. 프롭테크는 단순히 부동산(Property)과 플랫폼 기술(Platform Technology)의 결합을 뛰어넘어 이 기술들을 총체적으로 확대해 줄 빅데이터나 AI 기술, 가상 공간에서 구현할 수 있는 증강현실(VR)과 가상현실(AR) 기술을 총망라할 것이기 때문이다.

KDB 미래전략연구소의 강준희 연구원은 프롭테크 분야의 영역을 부동산 개발, 중개 및 임대, 스마트 건설 기술로 크게 나눴는데 '21년 8월 기준으로 우리나라의 프롭테크 관련 기업이 '19년 말 114개에서 278개로 급증했듯이 이 분야의 시장이 앞으로 급격히 증가할 것으로 전망했다. 또한 작년 5월 기준으로 시장 규모가 1조 7천억 원 규모로, 아직은 부동산 마케팅 플랫폼이나 공유 서비스 수준인 이 시장이 훨씬 다양한 형태로 나타날 것으로 보고 있다.

네이버 부동산은 우리나라의 프롭테크 초창기 모델로 볼 수 있다. 지금도 많은 부동산 실수요자들이 공인중개업소를 방문하기 전에 간단하게 네이버 부동산을 통해 가격과 입지 등을 사전에 조사한다. 특히 코로나19 이후 비대면 서비스가 일반화되면서 여러 건설사들은 더욱 수요자 친화 서비스를 내놓고 있다. 이미 사이버 홍보관, 체험관처럼 기존에 오프라인으로 할 수밖에 없었던 것들을 가상 공간 속에 거의 완벽하게 구현하여 더 많은 수요자들에게 다가서고 있다. 건설사 입장에서도 모델하우스를 만들 필요가 없어 비용 절감, 실시간 채팅처럼 소통의 채널로 프롭테크 기술의 확장성을 구현 중이다.

프롭테크 기업 중 최초로 유니콘에 오른 직방은 3D로 모델하우스 투어가 가능하고 메타버스로도 이를 제공하고 있다. 최초의 앱 형태로 부동산 시세에 관한 플랫폼을 제공했다는 측면에서 직방은 우리나라 프롭테크 기술의 시발점으로 꼽힌다. 아울러, 청년층들이 필요한 원룸 등의 정보를 손쉽게 제공해 수요자들의 편의를 O2O 형태로 제공하였다. 사업 초기와는 달리 허위매물들이 많이 포함된 바람에 어려움도 겪었지만 점차 투명한 정보를 제공하면서 우리나라의 대표적인 프롭테크 기업으로 꼽힌다.

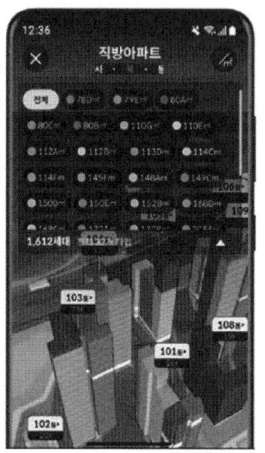 

프롭테크 기술이 발달하면서 이제 집에서도 단지를 둘러볼 수 있는 '온라인 임장'이 가능해졌다. 사진은 직방 3D 단지 투어 화면. 〈직방 제공〉

또 다른 플랫폼 기업 다방은 전자 계약 서비스 '다방 싸인'을 앱에 직접 구현해 매물을 VR과 동영상 등으로 확인 후 계약까지 가능한 서비스를 선보일 예정이다. 여기에는 실거래신고, 확정일자처럼 계약 이후에 필요한 서비스도 탑재할 예정이다.

이처럼 빠르게 움직이는 시장에 우리나라 정부도 '20년 12월 「제1차 부동산서비스산업 진흥 기본계획('21~'25)」을 마련하여 프롭테크 분야를 유망 신산업으로 선정하고 집중 육성하기 위한 정책을 발표한 바 있으며 공공 시범 사업부터 시작해 향후 정부의 정책 펀드 조성까지 다양한 지원책을 시행할 것으로 예상된다.

2. 프롭테크가 바꾸는 세상

앞서 설명한 여러 가지 IT 기술들(빅데이터, 인공지능, VR/AR 등)이 결합되면서 부동산 분야의 밸류체인이 한층 두터워지고 있다. 기존에는 부동산 매물 앱, 주택의 모델하우스 등 일반 수요자와의 O2O 수준에 국한된 편이지만 지금은 부동산의 초기 개발, 부동산의 설계 및 시공 단계에서 관리 분야까지 새로운 파생 영역으로 확대되고 있다.

최근 가장 선풍적인 기술로 대체불가능한 토큰(NFT)을 누구나 거론한다. 이 NFT는 주로 메타버스 세상에서 가상화폐로 결제되고 미술품이나 독창적인 디지털 작품의 진위여부 상품 위주로 거래되고 있다. 심지어 최근에는 대통령 선거와 맞물려 청와대의 상징이라고 볼 수 있는 '봉황' 문양을 사고팔기도 한다.

NFT가 가장 활발한 분야는 사이버 부동산이다. 새로운 기술에 대한 관심과 적응력이 빠른 2030세대들이 주를 이루고 있으나 점차 가상 부동산 시장을 긍정적으로 보는 전문가들의 견해도 많다.

투자은행 JP모건에서는 가상 부동산에서도 모기지와 부동산 계약, 임대차처럼 오프라인에서 볼 수 있는 서비스가 나올 것으로 보고 있다. 특히 오프라인의 경우 국경과 나라의 개념이 분명해서 해외에서의 투자나 송금이 불편하지만 탈 중앙화 금융(DeFi) 체계에서는 이를 손쉽게 가능하기 때문이다. 그런데 향후 NFT는 디지털 등기의 기능을 갖고 있기 때문에 실제로 오프라인 부동산의 판매와 소유권 이전에도 활용이 가능할 것으로 보인다. 지금의 프롭테크는 온라인과 오프라인 모두에서 획기적인 미래 기술이 될 가능성이 매우 높다.

3. 실제 공간에서 프롭테크의 효용성

서울대학교 GIS·LBS 연구실에서는 주거용 부동산을 찾는 소비자들을 위해 AI 기술을 적용해 구현 중에 있다. 우선 데이터 알고리즘을 통해 사용자와 주택 데이터들을 종합하고 이를 인공지능을 통해 최적의 매물을 제시한다. 흔히 우리는 주택 가격은 입지와 주변 인프라 등에 따라 결정된다는 개념을 잘 알고 있다. 주변에 교육 수준, 편의 시설, 수요자들의 선호도 등을 종합해 부동산 가격이 결정되는데 이를 가설화하여 사용자에게 최적의 입지를 제공하는 것이다. 그간 오프라인에서는 가격과 평형, 주택의 구분(아파트, 연립주택, 다세대, 단독 등)처럼 흔히 사용되는 정보만으로 제공한 데 비해 이 서비스는 보다 다양한 변수들을 학습시켜 AI 기술을 접목했다는 데 높은 평가를 받을 수 있다.

증강현실(AR)과 가상현실(VR)은 프롭테크에서 눈에 띄는 기술이다. 부동산은 특히 여러 차례 '임장(현장에서 부동산을 직접 방문하여 여러 가지 요소들을 탐색하는 행위)'을 해 봐도 선뜻 의사결정을 내리기 어렵다. 이는 의사결정의 관점과 투자 상품의 시각에서 부동산은 특수성을 내포하고 있기 때문이다. 먼저 의사결정의 행동 모형 중에서도 유독 부동산은 모든 정보와 이에 대한 대안의 지식을 확보하기 어렵고 완전한 평가를 하기 어렵다. 소비자 행동론 시각에서 합리적인 의사결정을 내리기 어려운 상품이다. 투자 상품 측면에서도 마찬가지다. 초기 투자 비용이 많이 들고 장기 보유 성격이 강한 상품이기 때문이다. 특히 부동산을 기초자산으로 하는 파생상품은 일반 소비자들이 접근하기 어려웠던 것들이 현실이다.

하지만 기술의 발달과 함께 과거에는 2D로 머물렀던 각종 도면이나 디자인, 건물 내부를 지금은 손쉽게 3D로 구현할 수 있으며 AR과 VR을 통해 내부를 직접 체험할 수 있는 수준까지 와 있다. 〈중소기업투데이〉의 내용에 따르면 프롭테크가 부동산 종합 정보를 제공함과 동시에 원스톱 거래(비대면 전자 계약) 솔루션까지 패키지로 활용이 가능하다고 소개하고 있다. 최근 은행이나 보험이 이미 앱 중심으로 바뀌고 있는 상황에서 프롭테크가 결합되어 이제 사용자들은 원스톱으로 대출, 심사, 주거지 결정, 부동산 등기 계약, 확정일자까지 비대면 방식으로 확대가 가능하다. 핀테크를 통해 개인 간 거래(P2P) 금융상품도 얼마든지 프롭테크와 접목될 수 있다. P2P는 초기에는 소액이 필요한 개인 간 신용 대출 위주였으나 점차 부동산 담보대출도 가능하게 발전하고 있다. 다만 개인 간의 거래다 보니 손실에 대해 보상을 받을 수 있는 방법이 없어 투자한도를 부동산 담보대출의 경우는 1천만 원으로 제한하고 있다. 앞으로 프롭테크 영역에서 더욱 확실한 담보와 보상 분야, 손실에 대한 정비가 이뤄질 경우 매우 유망한 결합모델이 될 수 있을 것이다.

4. 가상 공간에서 프롭테크의 효용성

메타버스 환경에서는 프롭테크와 연결되어 누구나 자신의 소득과 연결이 가능한 시대가 되었다. 모바일 환경에 익숙한 MZ세대들이 N잡의 시대를 이끌어 가는 것과 일맥상통한다. 메타버스에서는 대다수가 사업자등록이 없는 사람들이다. 사실상 오프라인 본업에서 온라인 부업으로 자신의 소득이나 투입시간을 확보하는 것으로 받아들여진다.

필자는 전문가들과 공동 집필한 『N잡러 시대, N잡러 무작정 따라하기』에서 N잡러를 단순히 부 캐릭터로 보지 않고 앞으로의 시대에 다양한 자기계발을 통해 미래를 설계하고 행동하는 사람들이라고 설명한 바 있다. 일부 청년층들은 N잡을 단순히 소득 재창출의 경우로만 보는 경우도 있지만 앞으로 자신의 경력 개발과 또 다른 자아를 찾기 위해 계속 N잡러가 되기를 시도해야 한다고 본다. 개인이 앞으로의 세상에서 '멀티 스위칭(N잡러가 되기 위한 개개인의 행동 방식)'을 통해 실생활에 적용할 수 있는 환경이 조성되었기 때문에 이를 어떻게 적절하게 활용할 것인지를 지속적으로 연구해야 한다.

메타버스 속의 가상 부동산은 온라인의 특성상 무형(Intangible)의 실체가 없는 가상 자산으로서의 역기능도 무시할 수 없다. 가상 부동산 투자는 실제 투자와는 달리 비즈니스모델이 초기 단계로서 수요자가 더 이상 존재하지 않는 한 거품으로 끝날 가능성도 높다. 가상 공간에서 서울 강남의 토지나 아파트를 사는 행위 자체는 큰 의미가 없을 수 있다. 다만 메타버스 내에서의 비즈니스모델인 부동산의 홍보나 광고, 실제 오프라인과 거의 흡사한 기능을 탑재할 경우 이에 대한 효과는 오프라인 이상의 가능성을 갖고 있다고 볼 수 있다.

예를 들어 삼성전자는 네이버가 운영하는 가상 커뮤니티 플랫폼인 제페토에 자사 제품의 브랜드 인지도를 올리고 사용자들의 커뮤니티를 온라인으로 확대하기 위해 메타버스 마케팅을 해 오고 있다. 갤럭시 스마트폰과 삼성 TV가 오프라인 대리점처럼 온라인 메타버스 공간에서 그대로 시연할 수도 있고 아바타끼리 게임을 함께 즐길 수도 있다. 기존에 TV나 매체 광고의 효과를 메타버스에서도 톡톡히 누릴 수 있는 가상 부동산 공간을 적극적으로 활용하는 셈이다.

메타버스의 성장 잠재력을 무한한 영역으로 보는 것도 타당성이 없다고 할 수 없지만 진정한 비즈니스모델에서의 메타버스 환경을 가릴 줄 알아야 하는 이유가 여기에 있다.

5. 부동산 유동화 수익증권과 증권형 토큰

프롭테크는 앞서 설명한 실제 공간과 가상 공간이 분리되어 있는 것이 아니다. 오프라인에서 벗어나 온라인까지 그야말로 무궁무진한 신세계를 만들 가능성이 매우 크다.

이런 프롭테크의 가장 근본적인 개념은 소통과 확장성이다. 스티브 잡스가 애플의 혁신적인 성장을 보며 "우리가 한 점과 여러 점들을 계속 추구하다 보면 나중에 선이 되고 그게 다시 면이 된다"고 미래를 제시했던 것같이 오프라인과 온라인의 소통을 통해 무한한 확장을 할 수 있는 시대가 열렸다. 비전문가들이 빅데이터나 여러 가지 IT 기술을 통해 전문가가 쉽게 될 수 있고 새로운 수익을 창출할 수 있는 기반을 마련해 주는 것이 앞으로 프롭테크의 과제일 것이다.

자산유동화증권(ABS)은 유동성이 낮은 자산인 부동산을 비롯하여 유가증권, 모기지 채권 등을 기반으로 발행한다. 보편적으로는 소유하고 있는 부동산의 현금화가 필요하면 중간에 투자은행이 부동산 등을 담보로 잡고 이를 토대로 증권을 발행하는 개념이다. 이를 거래 플랫폼을 통해 일반 투자자들이 소액으로 투자할 수 있는 방식이 논의되고 있고 「자본시장과 금융투자업에 관한 법률」에서 부동산 신탁 계약에 따른 수익증권 발행이 불가능하기 때문에 금융위원회에서는 금융규제 샌드박스 내실화 종합방안을 통해 시범 계획을 발표했다. 이와 유사하게 블록체인 기반의 기술을 활용한 증권형 토큰(STO)이 프롭테크의 한 시대를 열 수 있다.

자산운용 대표를 하고 있는 필자의 지인은 실제로 부동산을 STO화하여 비즈니스모델을 수립하고 있다. 일반적으로 부동산은 특정인 소수에게 판매하는 것과는 달리 STO를 활용하면 불특정 다수를 대상으로 부동산 판매의 확대를 꾀할 수 있다. 우리가 흔히 평형으로 구분 짓는 아파트 또한 엄밀히 따지면 같은 단지 내에서도 확장을 했거나 학교나 지하철과의 거리, 향의 배치(남향 선호 등)에 따라 미세하게 다른 가격대를 보인다. STO는 NFT의 기술을 통해 이를 현실화할 수 있다.

이처럼 새로운 기술이 선보일 때면 급격한 수요 계층이 폭발적으로 늘어난다. 카카오 택시가 선보였을 때 수요자들은 간단한 앱으로 탑승 장소와 행선지를 쉽게 확인할 수 있고 기사들의 만족도를 평가하며 안전하고 편리하게 활용하는 새로운 모델이었다. 그리고 지금은 누구나 이 서비스를 편하게 이용할 수 있다.

6. 결국 NFT는 자산을 베이스로 결정된다

지금의 NFT는 디지털 자산 위주로 시도되고 있다. 디지털화된 이미지, 일종의 유머를 담은 짧은 동영상을 뜻하는 밈(Meme), 메타버스에서 주로 쓰이는 아바타(캐릭터) 등이 주를 이루고 있다. 어떤 상황에서는 소유권을 분명히 제시한다는 이유만으로 값이 천정부지로 뛰고 있는 실정이다. 그런데 실제 NFT의 효용성은 기초 자산을 평가하는 툴로서의 기술이 훨씬 가치를 지닐 것이다. 스마트 계약 기능을 구현한 이더리움이 바로 NFT의 핵심적인 역할을 가능하게 했기 때문이다. 지금까지는 계약에 대한 진위여부는 공인을 받은 기관 또는 그에 상응하는 인증서의 형태로 가능했지만 국가 상호 간에 통용되기는 아직은 불편한 게 사실이다. 한 국가에서 발행한 문서를 공식적으로 인정하기 위해서는 협약에 따라 아포스티유(Apostille)를 받아야 한다. 보통은 해당 국가의 영사 업무 쪽에서 담당을 하는데 이런 법적 확인 절차가 NFT의 기술로 디지털에서 가능해진다는 사실이다.

필자는 오랜 기간 여러 나라에서 생활을 해 오고 있어서 아포스티유를 많이 활용해 왔다. 예를 들어 자녀의 학교 성적증명서는 한글 버전을 영문으로 번역 공증을 하고 다시 아포스티유를 신청해서 외국 기관에 제출하며, 외국에서 받은 증명서는 다시 똑같은 반대 과정을 반복해서 제출하게 되는데 이때 소요되는 시간과 비용이 상당하다. 이런 불편함을 한 번에 해결할 수 있는 것이 스마트 계약인 셈이다. 일련의 과정에 대해 철저한 검증이 이뤄지며 특히 많은 정보를 담고 있어 법적 절차가 복잡한 부동산은 스마트 계약에서 반드시 필요한 분야다. 그리고 이 부동산이 증권화되어 소비자에게 가는 과정은 앞으로 프롭테크가 자산 시장에서 엄청난 확대 효과를 가져올 것이다.

혁신은 결국 수요자의 선택이다. 수요자는 결국 상품과 서비스를 비교해서 최적화된 것들을 선택하며 이를 가능케 하는 것이다. 프롭테크의 시대에서 모두가 관심을 갖고 대처해야 할 분야다.

참고문헌

· 금융위원회 홈페이지(자본시장정책 보도참고), 「(가칭) 디지털 샌드박스의 이름을 지어주세요.」, 2021.03.24.
· 김재우, 『실리콘밸리의 시간』, 브레인플랫폼, 2021.
· 강준희, 「Weekly KDB Report」, KDB산업은행미래전략연구소, 2021.09.
· 중소기업투데이, 「집값보다 더 치솟는 프롭테크 시장」, 2022.02.18.
· 김재우 외, 『N잡러 시대, 무작정 따라하기』, 브레인플랫폼, 2021.
· 삼성전자, 「삼성 X 제페토', 메타버스에서 CES 혁신가전 만난다」, 삼성뉴스룸, 2021.12.28.

저자소개

김재우 KIM JAE WOO

학력
· 산업공학, 컴퓨터 정보 시스템 학사
· 경영학 석, 박사

주요경력
· 현) KOTRA 부장
· 현) 관세학회, e비즈니스학회, 통상정보학회 이사
· 현) 성결대 경영기술연구소 객원 연구원
· 단국대 무역학과 외래교수
· 구글(Google), 인텔 유치 실무협상

자격사항
· 경영지도사

저서
· 『실리콘밸리의 시간』, 브레인플랫폼, 2021.

- 『N잡러 시대, 무작정 따라하기』, 브레인플랫폼, 2021.(공저)
- 『4차산업혁명시대 AI블록체인과 브레인경영』, 브레인플랫폼, 2020.(공저)
- 『창업과 창직』, 브레인플랫폼, 2020.(공저)
- 『경영기술컨설팅의 미래』, 브레인플랫폼, 2020.(공저)

수상내역

- 서울벤처정보대학교총장 표창(2010)
- 지식경제부장관 표창(2012)
- 국무총리 표창(2019)

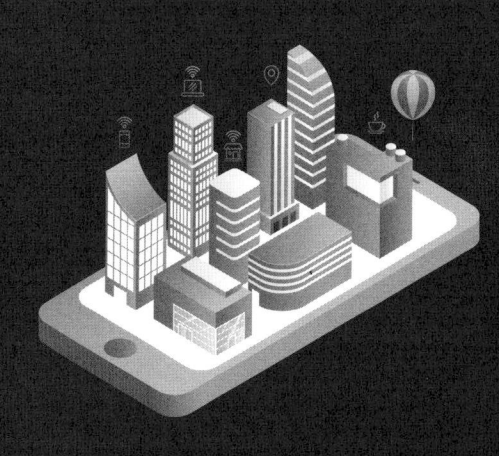

제10장

메타버스, NFT가 여는 새로운 미술 세상

이태열

1. 들어가며

최근 코로나(COVID-19)로 인해 사회적·경제적·문화적으로 많은 변화들을 일어났다. 그중에서도 메타버스(Metaverse)는 팬데믹(Pandemic)을 중심으로 우리 삶에 빠르게 녹아들고 있는 것이 현실이다. 오프라인 중심의 경제 활동이 온라인으로 이동한 것도 오래되었으며 그 속도가 팬데믹을 바탕으로 가속화되었다.

새로운 패러다임(Paradigm)의 변화는 문화적인 측면에도 변화를 가져오는 것이 당연하다. 특히, 미술 시장의 경우 기존 갤러리나 대규모 행사 중심으로 이루어졌던 것이 팬데믹을 겪으면서 침체를 가져온 것도 사실이다. 반면에 이런 침체는 새로운 표출구를 필요로 했고, 그것이 블록체인(Block Chain) 기술을 기반으로 한 NFT(Non Fungible Token, 대체 불가능한 토큰) 시장을 형성하게 되었다. 아니, 어쩌면 시기적으로 적절하게 NFT 시장이 열리면서 새로운 돌파구가 되었다는 표현이 더 정확할 것이다.

우리나라의 미술계의 경우 2020년에는 코로나(COVID-19)로 인한 직접적인 피해를 겪은 한 해로서 아트페어(Art Fair), 전시회 등이 줄줄이 취소가 되었고, 그로 인해 거래 시장도 함께 위축이 되었다. 하지만 2021년에는 아트 부산을 시작으로 크고 작은 아트페어가 열렸고, 10월에는 키아프 서울에서 사상 최대 판매 실적을 올리기도 했다. 이는 최근 미술에 대한 관심이 커진 것과 동시에 보복 소비 차원의 돈이 미술품 투자 쪽으로 몰린 측면도 있다고 할 것이다.

미술 시장도 회화나 조각 등 다양한 분야가 있으나, 여기서는 회화 쪽에 국한해 살펴보고자 한다. 기존 미술 회화 시장은 작품을 제작하려면 캔버스(Canvas)나 재료를 준비하여 작품을 만드는 것이 유일하였다. 그리고 작품이 완성된 이후에도 최종적으로 독자적인 전시회를 열거나 갤러리(Gallery)나 미술관 측의 까다로운 심사를 통해 전시를 하는 것이 전부였다.

앞서 본 것처럼, 기존 미술 시장에서는 제도권의 규율과 관습을 통하지 않고서는 작품에 대한 제대로 된 발표조차 쉽지 않은 일이었다. 하지만 블록체인 기술을 바탕으로 하는 NFT를 활용한 메타버스 공간에서는 다양하게 개방된 플랫폼(Platform)들이 있어 일련의 복잡하고 힘든 과정 없이 바로 대중에게 알리고 거래까지도 할 수 있는 길이 열린 것이다.

NFT가 가져다주는 새로운 미술의 기회는 전문 작가들뿐만 아니라 일반 대중 누구나 스스로 만든 작품에 대해 평가를 받고 거래까지 할 수 있다는 점에서 획기적이지 않을 수 없다. 본 내용에서는 이런 새로운 미술 시장을 이끌 메타버스 내에서의 NFT가 가져올 새로운 미술 시장에 대해 살펴보고자 한다.

2. 미술, NFT가 가져올 기회

2021년 가장 핫(Hot)한 관심사 중에 하나를 뽑는다면 당연 NFT일 것이다. 하물며 가상 자산 시장에서 NFT는 가장 큰 화두이며, NFT가 기존 산업 전반에 빠르게 확산되고 있는 것이 현실이다. 특히, 디지털 아티스트들의 작품들이 높은 가격에 팔리면서 화제가 되고 있다. 이런 유무형의 자산들이 NFT를 통해 수익화되기 시작했다는 점에서 우리는 NFT 시장에 대해 이해하고 관심을 가질 필요가 있다고 본다.

NFT는 여전히 성장 초기에 있는 산업이며, 저작권 및 세금 과세 등 해결해야 할 문제들이 산재해 있는 것 또한 현실이다. 하지만 앞으로 다가올 메타버스 시대에 NFT가 가져올 자산에 대한 변화는 분명 우리에게 중요한 문제이다. 혹자들은 하루빨리 NFT를 만들어 보고, 구매도 해 보면서 그 생태계를 이해하고 그 속에서 커뮤니티를 할 것을 추천하기도 한다.

여기서는 간단하게 NFT에 대한 개념과 주요 적용 분야와 최근 이슈가 되고 있는 저작권과 관련한 문제에 대해 살펴보고자 한다.

1) NFT의 개념

NFT는 '대체불가능한 토큰(Non-Fungible Token)'이라는 뜻으로 희소성을 갖는 디지털 자산을 대표하는 토큰을 말한다. NFT는 블록체인 기술을 활용하지만, 기존의 가상 자산과 달리 디지털 자산에 별도의 고유한 인식 값을 부여함으로써 상호 교환이 불가능한, 즉 다른 것으로 대체할 수 없는 것을 의미한다.

NFT는 자산 소유권을 명확히 함으로써 게임이나 미술품, 부동산 등의 기존 자산을 디지털 토큰화하는 수단으로 사용할 수 있다. NFT는 블록체인을 기반으로 하여 소유권, 판매 이력 등 모든 관련 정보가 블록체인에 저장되기 때문에 최초 발행자를 언제든지 확인할 수 있어서 위·변조가 불가능하다.

NFT는 가상 자산에 블록체인 기술을 통한 희소성과 유일성이라는 가치를 부여할 수 있기 때문에 최근 온라인 스포츠, 디지털 아트, 게임 아이템 거래 분야 등을 중심으로 그 영향력을 크게 늘려 가고 있다. 그러면서 일반 대중의 관심도 함께 커졌다.

2) NFT 시장 규모

NFT는 2017년 나온 블록체인 기반 게임인 '크립토키티'를 통해 대중화되었으며, 관련 시장 규모는 2019년 1억 4,155만 달러에서 2020년 3억 380만 달러로 추정하고 있으며 특히, NFT 데이터 분석 사이트에 따르면, 이더리움 블록체인상의 NFT 거래대금으로 보면 2018년 3,676만 달러에서 2020년 6,683만 달러 정도에 불과하였다. 이런 거래대금이

2021년 3월 들어 NFT가 대중에 알려지면서 디지털 미술 작품과 게임, 커뮤니티에서의 NFT의 수요가 급증했고 9월에 이르러서는 43.1억 달러에 이를 만큼 거대 시장이 되었다. 여기에 집계되지 않은 엑시인피니티와 Loot, 크립토키티, NBA Top Shot 등이 합산될 경우 거래 금액이나 시장 규모는 더 크게 나타날 것이다. Microsoft, NIKE 등 해외의 다양한 기업들이 NFT 시장에 뛰어들고 있으며, 국내에서도 유수의 기업들이 자체 NFT 플랫폼을 기획하고 있어서 더 폭발적으로 확대될 것으로 보인다.

3) NFT 주 거래 시장

NFT가 적용되고 있는 다양한 분야에 대한 현재 비중을 살펴보면 Collectible(비중 57%), Art(29%), Metaverse(3%), Sports(2%), Game(2%), Utility(1%), Defi 순서로 나타나고 있다. 이 중에서 NFT가 주로 적용되고 거래되는 시장인 메타버스, 게임, 예술 및 수집품 등에 대하여 구체적으로 살펴보면 다음과 같다.

[1] 메타버스 시장

메타버스에서는 해당 세계 속에서 일어나는 경제 활동을 위한 도구로 사용되며, 이는 메타버스에는 법정통화가 없기 때문에 소유권이 블록체인 기술로 증명되는 NFT를 이용하게 된다.

(2) 게임 시장

　게임 시장에서는 게임 유저가 NFT를 이용하여 자신의 캐릭터와 아이템을 자산화하여 다른 유저와 거래하는 데 사용하는데, 최근 이런 경우가 크게 늘고 있어 기존에 단순하게 게임과 즐기던 문화에서 게임을 통한 자산화가 가능해지면서 게임 산업 활성화에도 도움을 주고 있다.

(3) 예술 및 수집품 시장

　예술 및 수집품과 관련하여서는 디지털화된 작품의 진품성을 인증하는 데 사용되어 디지털화된 작품의 희소성을 높이고 소비자들의 구매 및 수집욕을 진작시키는 데 이용되고 있다.

　NFT가 아직은 이들 세 분야에서 활용되고 있지만, 각 산업 분야별로 디지털화가 가속화되고 모든 것이 메타버스로 들어오게 된다면 향후 NFT의 활용성과 가치는 더 커질 것으로 보인다.

4) NFT와 저작권 이슈

　다양한 플랫폼에서의 NFT를 통한 작품 거래를 하는 과정에서 의문을 가질 수 있는 부분이 아마도 저작권 문제일 것이다. 디지털 작품의 경우 언제 저작권이 부여되는지 그리고 어떻게 보호가 될 수 있는지 일 것이다.

　국내에서 미술 작품들에 대한 NFT 거래가 활발해지면서 한 종합광

고대행사가 2021년 5월 말 이중섭과 김환기 그리고 박수근 작가의 작품 소장자와 협의를 거쳐 해당 작품의 디지털 작품을 경매로 판매한다고 밝혔는데, 이에 대해 저작권을 보유한 유족 등이 반발하여 경매 자체가 무산된 일이 있었다. 이처럼 기존 작품에 대한 디지털 작품화 과정에서도 이런 저작권 관련 분쟁의 소지가 존재한다.

앞선 이런 문제는 NFT가 유일성을 확보할 수 있는 기술로 다른 복제된 디지털 자산과는 기술적으로 구별될 수 있으나, NFT로 디지털화하는 과정에 아무런 하자가 없는지는 전통적인 저작권 관련 법리에 따라 판단될 수밖에 없기 때문에 발생한다고 본다. 작품 초기부터 순수 디지털로 만들어진 자산이 아닌 NFT가 실물 자산과 연계되는 경우에는 실물 자산을 NFT화 하는 것이 저작권법 등 관련 법령에 위배되는 것이 아닌지 따져 보아야 하는 것이다.

[1] 저작재산권 침해 문제

앞선 이중섭 작가 등 작품의 경우는 작품의 소유권자와 저작권자가 분리되어 있기 때문에 소유권자의 동의를 얻었다 하더라도 저작권자의 동의가 없다면 복제 과정에서 복제된 침해, 거래를 위한 마켓플레이스 등에의 전송 과정에서 전송권 침해 등의 저작재산권 침해가 문제시되었던 것이다.

[2] 동일성유지권 침해 문제

NFT 순수 작품의 경우 원 작품이 디지털화된 것에 불과하여 별도의 창작성이 부가되는 것은 아니므로 이차적 저작물 작성권이 침해되는 것으로 보기는 어렵겠지만, 저작물의 형식이 변경되는 것으로는 볼 수 있으므로 복제권 등 저작재산권 외에도 저작인격권 중 하나인 동일성유지권 침해가 문제될 수도 있다.

(3) 문화체육관광부 NFT 저작권 관련 입장

문화체육관광부의 경우 이중섭 작가 등 작품의 NFT 경매 논란이 발생한 직후인 2021년 6월 4일 보도자료를 통해 NFT를 기반으로 한 저작권 침해 논란과 관련하여, 저작권 권리자 단체와 사업자들과 함께 구체적인 사례를 파악하여, 저작물 이용형태 등 사실관계를 고려한 저작권 보호 기간이나 이용 허락 여부 및 저작권 양도 계약 여부 등을 종합적으로 검토함으로써 적극 대응해 나갈 예정이라고 밝힌 바 있다. 또한, NFT 거래를 저작물이나 저작권 거래의 유효성과 연결하는 문제는 기존 제도와의 조화 문제나, 다른 블록체인 기술 정책들과의 연계 등을 종합적으로 고려하여야 할 문제라고 하여 NFT 거래를 단순히 규제 논리로만 볼 문제는 아니라고 하였다.

5) NFT 거래 플랫폼

NFT가 대중에게 알려지면서 NFT 관련 포털 검색량이 급증하고 있으며, NFT 플랫폼의 주간 이용자 수도 한 주간 40만 명을 기록할 정도로 폭발적으로 늘고 있다.

NFT가 대중에게 본격적으로 알려지기 시작한 것은 2021년 3월부터이다. 디지털 예술가인 비플(Beeple)이 10초 분량의 비디오 클립을 74억 원에 판매하였고, 테슬라 CEO 일론 머스크의 연인이자 가수인 그라임스가 디지털 작품을 만들어 65억 원을 벌게 되었다. 그리고 며칠 뒤 세계적인 미술품 경매 시장인 '크리스티'에서 비플이 만든 디지털 작품이 786억 원에 낙찰된 것이다. 이는 생존작가의 작품 중 3번째에 해당하는 비싼 가격으로 가히 시장과 대중에게 NFT에 대한 인식을 강하게 새겨준 계기가 되었다.

현재 NFT를 발행할 수 있는 대표적인 플랫폼은 오픈씨, 슈퍼레어, 니프티 게이트웨이, 라리블 등이 있으며, 아래에서 간단히 살펴보고자 한다.

(1) 오픈씨(OpenSea)

현재 가장 대표적이고 활발한 NFT 플랫폼은 당연 오픈씨이다. 오픈씨 NFT 거래 플랫폼은 2017년에 설립되었으며, 누구나 본인의 작품을 올릴 수 있는 것이 특징이다. 블록체인 기술을 활용한 탈 중앙화를 실천한 사례라 할 것이다. 가장 먼저 NFT 거래 플랫폼을 론칭했으며, 현시점에서 가장 큰 플랫폼이다. 오픈씨에서는 모든 종류의 NFT를 사고팔 수 있으며, 미술품을 포함해서 음악, 스포츠, 웹주소 즉 도메인까지도 선점하여 NFT화 한 후에 팔 수 있다.

사이트의 이용은 NFT 작품을 구매하고 싶은 사람이나 자신의 작품을 팔고 싶은 미술작가 또는 NFT 작품을 컬렉팅한 다음에 그것을 다시 판매하고 싶은 사람 등 누구나 할 수 있다. 오픈씨에서의 거래는 주로 '이더리움(Ethereum)'을 통해 결제가 되며, 다른 암호화폐로도 결제가 가능은 하다.

(2) 슈퍼레어(SuperRare)

슈퍼레어는 오픈씨와 함께 NFT 거래 플랫폼의 양대 산맥이라고 할 수 있다. 오픈씨와는 지향하는 바가 다른데, 오픈씨에 비해 희소성을 표방하고 있어서 기존 미술 시장과 맥을 같이 하는 성향이 더 강하다. 오픈씨처럼 모든 것을 NFT로 작품화하는 것이 아니라 '미술'로 한정 지어서 자신들의 정체성을 강조하고 있다. 또한, 누구나 자신의 작품을 올릴 수 있는 구조가 아니라, 일정한 심사를 통해서 그것을 통과한 작품만이 이 플랫폼에 작품을 등록할 수 있는 구조를 가지고 있다.

슈퍼레어 NFT 플랫폼의 가장 큰 특징은 미술품의 퀄리티에 대한 보장이라 할 수 있다. 내부 심사를 거쳐 작품을 노출시키기 때문에 구매자의 입장에서는 수준 높은 NFT 작품을 비교적 쉽게 감상할 수 있는 편의성이 주어진다. 또한, 기존의 미술품 경매 회사 소더비(Sotheby's)와 협업을 진행 중이어서 기존의 컬렉터들도 신뢰를 가질 수 있다.

슈퍼레어에서의 거래에 대한 결제는 '이더리움'으로 진행되며, 아임토큰, 레인보우 월렛, 메타마스크, 트러스트 월렛 등 전자지갑을 연동시키면 거래를 할 수 있다.

(3) 니프티 게이트웨이(Nifty Gateway)

　니프티 게이트웨이의 운영 방향은 오픈씨와 슈퍼레어의 중간 정도에 위치한다고 보면 맞을 것이다. 오픈씨처럼 누구에게나 개방된 것도 아니고, 슈퍼레어처럼 까다로운 심사를 통해서만 미술작가들이 자신의 작품을 올릴 수 있는 것도 아니기 때문이다.

　니프티 게이트웨이의 NFT 플랫폼은 슈퍼레어처럼 미술품에 한정하지는 않는다. 또한, 니프티 게이트웨이는 그라임스의 '워 님프'가 거래된 NFT 거래 플랫폼으로 유명하다.

　오픈씨의 지나친 개방성과 슈퍼레어의 폐쇄성이 마음에 들지 않는 미술작가나 컬렉터는 니프티 게이트웨이가 좋은 선택이 될 수 있다. 이더리움뿐 아니라 신용카드를 이용한 달러로도 결제가 가능하다는 것도 특징이며 장점이라고 볼 수 있다.

(4) 라리블(Rarible)

　라리블은 앞서 언급한 NFT 플랫폼인 오픈씨, 슈퍼레어, 니프티 게이트웨이와는 조금 다른 측면이 있다. 가장 큰 차이점은 거래에 있어 '라리블 자체 암호화폐(RARI)'를 발행하고, 작가 또는 구매자에게 보상으로 그들의 암호화폐를 주고 있다는 점이다.

　라리블은 자체 블록체인 시스템을 강화하는 차원에서 그들의 암호화폐를 주는 것인데, 그 결과 라리블에서 활동하게 되는 작가들은 NFT

작품 판매에 따른 수익과 함께 보상 차원의 라리블이 암호화폐인 RARI를 추가적으로 챙길 수 있다는 이점이 있다. 라리블의 자체 암호화폐 지급의 경우 그들의 NFT 거래 플랫폼의 홍보 목적일 수도 있는데, 컬렉터에게도 지급된다는 점에서 컬렉터 측면에서도 좋을 수 있다. 이렇게 지급 받은 RARI는 전 세계 수십여 곳의 암호화폐 거래소에서 마치 비트코인처럼 거래할 수 있다.

라리블 NFT 플랫폼의 경우 자체 암호화폐인 'RARI'뿐 아니라 '이더리움'으로도 결제가 가능하다.

3. 메타버스와 미술

메타버스(Metaverse)는 생소한 단어에서 어느 순간 빠르게 우리의 삶에 녹아들고 있다. 초등학생들도 한 번 정도는 들어 보고 실제 접하고 있을 만큼 핫한 단어가 아닐 수 없다. 다들 알고 있겠지만, 메타버스란 단어의 의미는 초월을 의미하는 그리스어 'Meta'와 현실세계를 의미하는 'Universe'의 합성어로 가상세계, 현실을 초월하는 세상을 의미한다.

메타버스는 넓게 본다면 가상현실(Virtual Worlds), 증강현실(Augmented Reality), 라이프로깅(Life-logging), 거울세계(Mirror Worlds)로 구분해 볼 수 있다. 이들 4가지의 경우 이미 우리는 경험을 하고 있는 것들이다.

메타버스는 이 모든 것을 종합한 것으로 그 가상의 공간 안에서 우리가 실제 생활을 하는 것처럼 게임도 하고, 공부도 하고, 다른 사람들과 만남도 가지며, 경제 활동을 하는 것까지 포함한다.

이런 메타버스가 왜 유독 예술과 특히 미술 시장에 주는 의미가 클까? 이는 기존 예술이나 미술 작품을 보기 위해서는 특정 장소를 방문해야 하는 장소나 공간적인 제약이 많았으며, 한정된 공간으로 인해 공개할 수 있는 작품도 한정되었기 때문이다. 이에 더해 작가의 경우도 한정된 전시 기회와 갤러리들로 인해 진입이 쉽지 않았다.

메타버스는 이런 공간이나 장소적인 물리적 환경 제약을 해소할 수 있고, 보여 줄 수 있는 작품의 숫자에 대한 제한도 없다는 점에서 미술 시장에 있어서 특히 큰 변화의 시작이 아닐 수 없다. 특히, 전통적인 캔버스에서 작품을 만드는 것에서 벗어나 디지털 작품의 폭발적인 성장을 가져올 것으로 본다. 메타버스는 이런 디지털 작품 작가들에게는 기회의 땅이 될 것이다.

4. 미술 시장의 미래

기존 미술 시장은 서두에서 언급한 것처럼 보수적인 제도와 전통으로 인해 양극화가 심한 시장이다. 유명한 작가의 경우 지속적으로 작품의 가격도 오르고 판매도 원활하여 계속 작품 활동을 할 수 있는 것에 반해, 많은 무명작가나 초년생작가들의 경우 작품성이 뛰어나다 할지라도 충분한 가치를 인정받지도 못하거나 알릴 기회조차 얻기가 힘든 것이 현실이다. 이렇다 보니 판매의 기회를 얻는다는 것이 매우 힘들어서 경제적으로 어려움에 처하는 경우가 많은 것이 사실이었다.

1) 기회의 확대

NFT가 가져온 기회는 이런 미술 시장의 양극화를 완화시킬 것으로 기대되며, 많은 작가들에게 새로운 기회를 제공하는 순기능적 역할을 하게 될 것으로 보인다. 더불어서 작품의 판매에 따른 경제적인 이익을 가져갈 수 있는 기회도 더 많아질 것이다. 이는 유명작가들보다 신진작가들이 컬렉터들을 접할 수 있는 기회가 많아지고 그들의 경제적인 여유를 만드는 데 기여할 것이다.

2) 디지털 미술 작품 활성화

미술 시장의 미래에 대한 가장 큰 변화는 디지털 작품의 활성화일 것이다. 앞서 언급한 것과 같이 기존 오프라인 전시 공간에서 벗어나 메타버스라는 무한대의 가상 공간이 제공되기 때문에 얼마든지 작품 전시가 가능해져 디지털 작품이 큰 폭으로 늘어날 것이다. 이는 기존 유명작가들에서 벗어나 신진작가나 기존에 잘 알려지지 않았던 작가들까지 컬렉터들에게 다가갈 수 있는 시장이 도래하게 되는 것이다.

3) 미술 관련 공유 플랫폼의 확대

　공유경제의 사회적 움직임은 미술 시장에도 변화를 가져오고 있다. 공동구매를 통해 고가의 미술품을 조각단위로 구매도 하고 판매도 하는 플랫폼들이 늘어나고 있기 때문이다. 가치 있는 미술품들이 고가이다 보니 일반인들의 접근이 어려운 게 사실인데, 이렇게 여러 사람이 자금을 모아 경매를 받고 공동소유를 하고 판매를 통한 수익을 나누는 구조가 생겨나면서 일반인들의 미술품에 대한 관심도 커지고 있다.

　최근 MZ세대의 미술품에 대한 관심이 높아진 것도 이런 미술품 공동구매 플랫폼들이 한몫을 했다고 할 것이다. 이런 흐름은 대체 투자 수단을 원하는 MZ세대들의 관심을 볼 때 더 커질 것으로 보인다. 공동구매를 통한 작품 수집이 많아지면 전체적인 작품의 가격들도 올라갈 것이고, 미술 작품에 대한 관심도 높아질 것이다. 더 나아가 디지털 작품 시장도 이런 공동구매 대상에 포함되면서 확대될 것으로 보인다.

4) AI 화가의 등장

　앞서 메타버스와 NFT가 미술 시장에서 기회의 확대 그리고 일반 대중들의 디지털 작품 시장에 대한 접근성을 높일 것으로 언급하였다. 여기에 더하여 디지털 작품 시장의 확대와 보편화는 바로 AI 작가의 양산으로 이어질 것이다. 이미 국내에서도 시도되고 있고 작품이 만들어지고 있다.

카카오브레인의 AI 민달리(minDALL-E)는 '달나라로 가는 검은 호랑이(Black tiger to the moon)'와 '세계의 왕 검은 호랑이(My tiger is the king of the world)'라는 NFT 기반의 디지털 작품을 선보였다. 이는 사람이 작품을 묘사하는 영어 텍스트(작품명)를 명령하면 그 명령을 바탕으로 100% 민달리가 수행하여 만들어진 것이다. 이런 AI는 기존 인간의 트렌드나 사고의 한계에서 벗어나 창의성을 바탕으로 신선한 작품을 만들 수 있다는 측면에서 인간의 미술 작품과는 다른 작품들을 선사할 수 있어 그 경쟁력이나 파급력이 클 수도 있다.

해외의 경우도 2021년 12월 스페인에서 개발된 AI '보토'의 디지털 작품 4점이 NFT로 발행되어 약 11억 원에 팔릴 만큼 시장에서도 AI 작가의 작품에 대한 반응은 뜨겁다.

5. 나가며

블록체인 기술을 바탕으로 한 NFT는 우리 사회 전반에 빠르게 흡수될 것이며, 이미 시작이 되었다. 특히, 예술품 분야 중 미술 분야에서는 아주 새로운 시대적인 변화의 시작을 알린다고 할 수 있다. 기존 미술 시장의 폐쇄적인 문화에서 개방된 시장으로의 전환을 가져오는 계기를 만들어 주기 때문이다.

2022년 서울호텔아트페어에서도 NFT는 다양한 작품 중에서도 당연코 큰 관심사이다. MZ세대를 중심으로 한 미술에 대한 해석이 바뀌면서 미술 시장도 변화의 바람이 불고 있으며, 기존 유명 작가에서 한 발 나아가 젊은 작가들의 등용문이 아마도 향후 NFT 시장이 될 것으로 보인다.

　이런 다양한 시도는 기존 전문 공간에서의 미술 시장이 일상생활 속의 미술 시장으로의 전환을 가져올 것이며, 메타버스가 보여 줄 또 다른 가상현실 또한 이런 NFT의 미술 시장 확장의 폭발을 가져올 것으로 기대된다.

　젊은 작가들의 경우 아예 캔버스 위가 아닌 디지털 환경에서의 그림 시도가 많아질 것으로 보이며, 그에 맞는 특화된 기법들이 이미 시도되고 있다. NFT는 이런 젊은 작가들의 활동에 경제적인 부를 안겨 줄 수도 있어 미술 시장의 대중화를 앞당기는 초석이 될 거라 본다. 앞서 언급한 것처럼 NFT 작품은 기존 미술전공에 의한 전문 화가뿐만이 아니라 일반 대중들도 누구나 미술에 재능과 관심이 있다면 도전할 수 있는 기회의 장을 마련해 줄 것이다.

　상시 환경을 제공할 수 있는 메타버스의 경우 신진작가들에게는 언제든지 자신의 작품을 알리고 판매까지 할 수 있어, 기존의 복잡하고 번거로웠던 전시회 과정을 벗어나게 될 것이다. 몇몇 유명작가들에 가려서 빛을 볼 수 없었던 우수한 작품성을 가진 젊은작가들이 자신의 작품을 평가받을 수 있는 장이 많아진다는 측면은 예술 발전을 위해서도 기여하는 바가 클 것으로 본다.

이런 변화의 시장은 거역할 수 없는 시대적인 흐름으로써 누군가에게는 위협과 도전이 될 것이고 누군가에게는 기회의 장이 될 것이다.

- 이규원, 『NFT미술과 아트테크』, 북스토리지, 2022.
- 김일동, 『NFT는 처음입니다』, 세종, 2022.
- 이승환·한상열, 『메타버스 비긴즈:5대 이슈와 전망』, 소프트웨어정책연구소, 2021.
- 이광욱 외 3인, 『NFT와 저작권』, 법무법인(유)화우, 2021.
- 노경탁, 『NFT, 메가트렌드가 될 것인가』, 유진투자증권, 2021.
- 전재림, 『NFT를 둘러싼 최근 이슈와 저작권 쟁점』, 한국저작권위원회법제연구팀, 2021.
- 김윤수 기자, 「NFT예술 넘보는 'AI화가'…해외선 11억에도 팔려」, 조선비즈, 2021.02.27.

이태열 LEE TAE YEOL

학력
· 정치외교학 학사
· 지식서비스&컨설팅학 석사
· 경영학 박사

주요경력
· ㈜비엔피경영전략연구소 대표
· ㈜비엔피비즈파트너스 이사
· 기업경영솔루션센터 이사
· 비즈니스 지원단 위원
· NCS 기업 활용 컨설팅 전문 위원
· (사)한국벤처혁신학회 정회원
· 저작권 사업화 컨설팅 전문 위원

자격사항
· 경영지도사

· 창업보육전문매니저

· 기술평가사

· 기술신용평가사(2급·3급)

· 원가진단사

· ISO 9001·14001 국제 선임심사원

저서

· 『공공기관 합격 로드맵』, 렛츠북, 2019.(공저)

· 『공공기관·대기업 면접의 정석』, 브레인플랫폼, 2020.(공저)

· 『4차 산업혁명 시대 AI 블록체인과 브레인경영』, 브레인플랫폼, 2020.(공저)

· 『미래 유망 자격증』, 브레인플랫폼, 2020.(공저)

· 『경영기술컨설팅의 미래』, 브레인플랫폼, 2020.(공저)

· 『공공기관 채용의 모든 것』, 브레인플랫폼, 2021.(공저)

· 『창직형 창업』, 브레인플랫폼, 2021.(공저)

제11장

메타버스 시대 삶

이현수

1. 도입부

4차 산업 시대라는 용어의 정의에 익숙해지는 시기에 또 다른 용어의 기술인 블록체인, NET, 메타버스(Metaverse) 등이 우리를 긴장하게 하고 준비하게 한다. 기술의 발전도 사람의 의식과 같이 발전되어야만 성공하는 기술이 되는 것을 우리는 주위에서 많이 보아 왔다. 즉 사람들의 의식과 생활 수준에 맞지 않게 너무 빨리 개발되어 출시되었다가 사라지는 기술들을 많이 본 것이다. 소위 기술은 성공하지만 상용화에 실패했다고 보는 것이다. 따라서 현재 최고의 화두가 되고 많은 투자가 이루어지고 있음으로 곧 다가오고 있는 메타버스 시대에 우리가 관심을 갖고 준비해야 할 기술 및 내용 들이 무엇인지를 살펴보자. 즉, 메타버스 시대의 준비 단계로 디지털 트랜스포메이션(DT)의 기반이 된 4차 산업혁명 시대의 개념을 먼저 살펴보자.

제4차 산업혁명(第四次 産業 革命, Fourth Industrial Revolution, 4IR)은 정보통신 기술(ICT)의 융합으로 이루어지는 산업혁명이다. 18세기 초기 산업혁명 이후 네 번째로 중요한 산업 시대이다. 이 혁명의 핵심은 빅데이터 분석, 인공지능, 로봇공학, 사물인터넷, 무인 운송 수단(무인 항공기, 무인 자동차), 3차원 인쇄, 나노 기술과 같은 7대 분야에서 새로운 기술혁신이다.

제4차 산업혁명은 클라우스 슈바프(Klaus Schwab)가 의장으로 있는

2016년 세계경제포럼(World Economic Forum, WEF)에서 주창된 용어이다. 『제3차 산업혁명(The Third Industrial Revolution)』을 저술한 제러미 리프킨(Jeremy Rifkin)은 "현재 제4차 산업혁명이 진행되고 있다"고 말했다.[01]

제4차 산업혁명은 물리적, 생물학적, 디지털적 세계를 빅데이터에 입각해서 통합시키고 경제 및 산업 등 모든 분야에 영향을 미치는 다양한 신기술로 설명될 수 있다. 물리적인 세계와 디지털적인 세계의 통합은 O2O(Online To Office)를 통해 수행되고, 생물학적 세계에서는 인체의 정보를 디지털세계에 접목하는 기술인 스마트워치나 스마트밴드를 이용하여 모바일 헬스케어를 구현할 수 있다. 가상현실(VR)과 증강현실(AR)도 물리적 세계와 디지털세계의 접목에 해당될 수 있다.

2. 메타버스

1) 메타버스 산업생태계 구조

(1) 전통적 IT 산업기반의 'C-P-N-D' 분류[02]

---

01) 위키백과 www.ko.wikipedia.org/wiki/제4차_산업_혁명
02) STEPI Insight 「메타버스 가상세계 생태계의 진화전망과 혁신 전략」, p.17, 과학기술정책연구원 제284호, 2021.12.22.

전통적 IT 생태계 기반의 'C-P-N-D' 관점은 콘텐츠(Contents), 플랫폼(Platform), 네트워크(Network), 디바이스(Device)를 의미하며, 기술적 측면에서 메타버스의 활용 장비와 제한적인 AR·VR 기술들의 구현 프로세스를 이해하는 데 유용하지만, 사회적 교류를 넘어 비즈니스 산업 영역으로 확장되고 있는 최근의 메타버스 가상세계가 제공하는 폭넓은 사용자 경험과 잠재적 서비스를 설명하기에는 한계가 있다.

C-P-N-D로 분류한 AR·VR 생태계

출처: 현대경제연구원(2017), p.3

(2) 'HW-SW-Servicw-Tool' 방식

'HW-SW-Service-Tool'의 관점은 하드웨어와 그 위에 탑재되어 다양한 콘텐츠를 즐길 수 있도록 해 주는 SW 플랫폼, 메타버스 공간에서 사용 가능한 킬러앱 서비스, 그리고 이를 구현하기 위해 필요한 클라우드와 각종 엔진 등의 저작툴까지를 포함하는 접근으로, 디바이스와 플랫폼, 콘텐츠를 HW와 SW, 서비스로 재분류한다는 점에서 'C-P-N-D'와 차이가 있고, 특히, 고객의 유입과 메타버스 가상세계의 진화된 사용자 경험을 주도하고 있는 킬러앱에 보다 초점을 둠으로써 진입 장벽이 상대적으로 낮아 개인과 스타트업이 폭넓게 참여할 수 있는 오픈 플랫폼 기반의 메타버스 가상세계가 가진 역동성을 포착하는 데 유용한 시각을 제공한다.

그러나 'C-P-N-D'의 분류 방식이 안고 있던 문제처럼, 아바타 기반의 메타버스 가상세계가 가진 특징적 소통 방식과 경제적 확장성을 설명하기 어렵다는 한계가 있다. 사용자 경험 장비와 통신 네트워크, OS와 같은 응용 제어 소프트웨어 및 인터페이스부문들이 혼재되어 서비스를 구현하는 요소들의 역할과 상충하는 문제도 존재함으로, 이러한 문제들은 메타버스 가상세계의 새로운 구현 가치를 반영한 대안적 생태계 분류 틀이 필요함을 시사한다.

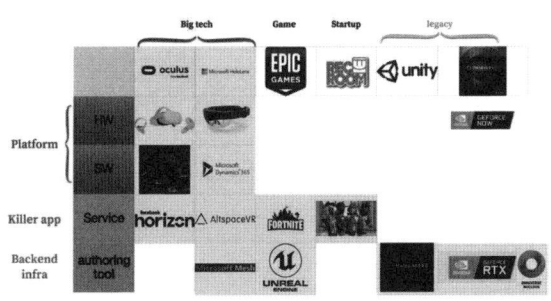

출처: 김지현(2021), p.15

[3] '인프라-플랫폼-콘텐츠-IP'의 대안적 생태계 분류 방식

경제적 측면에서 메타버스 가상세계의 확장을 반영한 '인프라(D·N)-플랫폼(P)-콘텐츠(C)-IP'의 대안적 생태계 분석 틀을 제시한다. 향후,

메타버스 가상세계의 산업 활성화를 위해서는 C-P-N-D의 상호 유기적인 성장뿐만 아니라 메타버스 내 콘텐츠의 독창성과 경제적 가치에 초점을 둔 IP 영역도 포함할 필요가 있다. '양면 시장형 생태계 구축'을 위하여 이용자가 아이템 등 콘텐츠를 직접 제작할 수 있는 '창작 도구 도입', 창작물의 수익화를 지원하는 '가상화폐 거래 시스템 구축'을 통해 플랫폼 비즈니스로의 발전이 가능해지고 있다(한상열, 2021., p.20).

최근 메타버스 가상세계에서는 개방형 오픈 플랫폼 게임을 중심으로 사용자가 직접 개발한 수많은 연계 게임과 아이템들이 개발되고 있으며, 아바타에 새로운 가치와 개성을 부여하기 위해 외부 지식재산권 사업자들과의 제휴를 통한 서비스가 증가하고 있다.

메타버스 플랫폼과 IP 사업자 제휴·협력 사례

구분	내용
구찌 (패션)	SNS기반 메타버스 플랫폼, '제페토'와 제휴하여 구찌 IP를 활용한 아바타 패션 아이템 출시 및 브랜드 홍보 전용공간을 구축
YG, JYP 외. (엔터테인먼트)	'제페토'에 소속 연예인에 특화된 전용 가상공간을 만들고 소속 연예인 아바타들을 배치하여 사인회, 공연 등 이벤트 개최
LG전자 (제조)	게임기반 메타버스 플랫폼, '동물의 숲' 게임 공간에 LG 올레드 TV소개, 게임 이벤트 등을 개최하는 올레드 섬(OLED ISLAND) 마련
다이아TV (방송)	'제페토'와 CJ ENM의 1인 창작자 지원 사업 다이아TV(DIA TV)가 제휴를 맺고 상호 인플루언서(Influencer) 진출 협력 추진
순천향대 (교육)	SKT 메타버스 플랫폼, '점프VR' 내 순천향대 본교 대운동장을 구현한 뒤에 대학총장과 신입생들이 아바타로 입학식 진행
한국관광공사 (공공)	'제페토'에 익선동, 한강공원 등 서울의 관광지를 모사한 가상공간을 만들고, 제페토 해외 이용자를 대상으로 한국여행 홍보 이벤트 진행

출처: 이승환·한상열, 「메타버스 비긴즈(BEGINS): 5대 이슈와 전망」, SPRi 이슈리포트, 2021.04.20., 일부 수정

10~20대 중심으로 이들을 홍보·소통 타깃으로 설정한 패션, 엔터테인먼트, 교육, 제조, 공공부문 등 다양한 분야의 IP 사업자 참여가 증가하고 있다(이승환·한상열, 2021.04.20., p.18). 이용자들은 특정 IP 기반 아

이템(의상, 아이템 등)을 구매하여 자신의 아바타에 착용하거나 이와 유사한 현실 제품을 구매하기도 한다.

메타버스 창작 콘텐츠 거래 구조(예시: 로블록스)

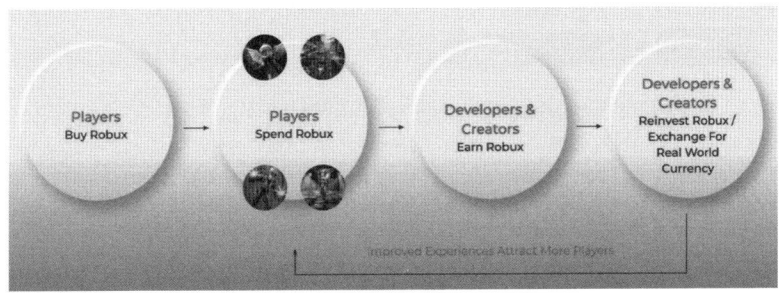

출처: 로블록스(2021.04.26.), Investor Day 발표자료 발췌

'인프라-플랫폼-콘텐츠-IP'로 구성되는 대안적 생태계 분석틀

구분	주요 내용
인프라	• 초연결 네트워크 환경(5G), 몰입적 경험을 지원하는 실감형 디바이스
플랫폼	• 실감형 콘텐츠의 개발, 유통, 서비스를 구현하고 경험하게 해주는 운영 기반
콘텐츠	• VR·MR·XR 등을 통해 즐길 수 있는 문화, 교육, 의료, 산업 분야 등의 실감형 창작물
지식재산권(IP)	• 패션, 엔터, 게임, 캐릭터 등 독창성과 브랜드 가치를 보유한 IP

출처: 과학기술정책연구원 제284호, 2021.12.22.

'인프라-플랫폼-콘텐츠-IP'의 주요 기업과 서비스 사례

인프라	네트워크, 클라우드	Asure(MS), AWS(Amazon)...
	실감형 디바이스	Oculus, Google Glass, Gear, Vive...
플랫폼	운영, 서비스 기반	Microsoft, Meta, UNITY...
콘텐츠	실감형 창작물	Fortnite, Roblox, Animal Crossing, ZEPETO...
IP	브랜드 가치	YG, SM, GUCCI, NIKE, DKNY, MLB...

출처: 과학기술정책연구원 제284호, 2021.12.22.

2) 메타버스 가상세계 생태계의 혁신 사례

[1] 데이터 기반의 기술혁신

　인공지능(AI), 빅데이터, 클라우드 등의 기술혁신은 현실의 데이터를 활용해 가상 공간에서 다양한 시뮬레이션을 통해 시행착오를 줄이고, 알고리즘을 통해 최적의 선택을 도와주는 등 제조, 건설, 의료, 교육 등의 다양한 산업 분야에 적용되고 있다. 제조업 분야에서는 가상의 공간에 공장을 설립하고 현실세계에서 발생하는 여러 변수들을 조합하여 신제품 테스트 및 품질 검증 등의 다양한 시뮬레이션을 시도했다. 의료업 분야에서는 가상의 공간에서 가상 환자에게 가상 수술을 진행하는 등 각종 시뮬레이션을 진행해 원격 학습과 수술의 시행착오를 줄이는 데 활용한다. 마케팅 분야에서는 빅데이터를 통해 메타버스 내에 3D 아바타인 '디지털 휴먼'을 탄생시켰고, 지속가능하고 효율적인 활동의 장점으로 국내외의 기업에서 적극 활용 중이다. 블룸버그에 따르면, 2022년 기업이 인플루언서 마케팅에 지출하게 될 비용은 150억 달러(약 17조 원)에 달할 전망이다. 이 중 상당 부분을 가상 인플루언서(디지털 휴먼)가

차지할 것으로 예상된다.[03]

디지털 휴먼의 국가별 사례

국가	사례	관련 내용
미국	브러드 '릴 미켈라(Lil Miquela)'	- 세계에서 가장 많은 팔로워 수(약 300만명)를 보유하고 있으며, 유명 명품 브랜드의 모델로도 활동하고, 게시물 작성 하나에 약 1,000만원의 가치로 측정됨
한국	싸이더스 스튜디오엑스 '로지'	- MZ세대를 겨냥하여, 빅데이터를 통해 가장 선호하는 외모로 구현하였으며, 국내외 기업의 광고 모델로 활동 중임
	LG전자 '김래아'	- 2020년 CES에서 첫 공개되어 LG 전자 제품을 홍보를 담당함
일본	AWW의 '이마'	- '이케아'의 홍보 모델로 약 7억원의 수익을 내고, 국내외 활동중
중국	칭화대·즈푸·샤오빙 '화즈빙'	- 칭화대 입학한 새내기의 가상인간으로 동영상 플랫폼 '틱톡'의 1위를 하는 등 가상세계 활동 중심

출처: <중앙일보>(2021.07.07.)[04], <매일경제>(2021.10.04.)[05] 내용을 토대로 연구진 작성

[2] 플랫폼기반 기술혁신

플랫폼은 현실세계와 가상세계를 잇는 공간일 뿐 아니라 가상의 세계에서 사회 문화·경제 활동이 가능하도록 포괄적 기능을 가진 플랫폼으로 변화하고 있다. 마이크로소프트(MS)사는 자사 개발의 AR(Augmented Reality, 이하 AR)기기 '홀로렌즈(Hololens)'를 공개하며, 윈도우 10과 호환성을 맞추고, 'Dynamics 365', 'Mesh', 'Azure', 'MS teams' 등의 다양한 원격 접속 애플리케이션을 개발로 하나의 플랫폼을 통해 원격 근무, 원격 협업 등을 가능케 하며, 추후 Dynamics 365와 MS teams(화상회의 프로그램)는 통합될 예정이다.

03) 「인간보다 낫다?…가상인물이 1년에 130억씩 버는 세상」, <한국경제>, 2020.10.31. https://www.hankyung.com/international/article/202010306030i
04) 「팔로워 300만 명, 연 수입 130억…'릴 미켈라'도 인간 아니다」, <중앙일보>, 2021.07.07., https://www.joongang.co.kr/article/24100336#home
05) 「"연예인보다 낫다"…모델료 10억 22살 오로지, 中 화즈빙 日 이마 도전장 내밀었다」, <매일경제>, 2021.10.04.,https://www.mk.co.kr/news/it/view/2021/10/939674/

미국의 게임사 '로블록스'는 코로나19로 개최가 어려워진 콘서트를 온라인으로 개최하였고, 로블록스 내에 창작자가 게임 개발을 통해 실제 현금화 가능한 수익을 창출해서 경제 활동을 가능케 함으로 사회 문화적·경제 활동을 흡수하는 플랫폼으로 진화했다. 또한, 블록체인 등의 기술혁신은 메타버스 내 새로운 디지털 자산의 개념으로 '대체불가능한 토큰(Non-Fungible Token, NFT)'을 탄생시켰고, 복제가 불가능해 현실세계의 예술 작품 및 명품 보증서 등의 다양한 활용 사례를 가지게 되었다. 현실세계의 정보를 가상세계에 저장 및 활용이 가능해지면서 빅데이터, 클라우드, 블록체인 거래 시스템, AI 분석 시스템 등 다양한 기술혁신을 통해 B2B 비즈니스가 B2C, D2C의 비즈니스를 촉진하였고 부동산, 농축산물 등의 다양한 분야에서 적용 중이다.

[3] 인프라 기반의 기술혁신

'인프라'는 메타버스를 구현하는 핵심 기반이며, 실감형 콘텐츠를 즐길 수 있는 AR·VR 실감형 디바이스와 네트워크, 클라우드 등의 기술혁신이 메타버스 가상세계로의 전환을 가속화한다. 경험을 확장하고, 실감형 콘텐츠를 즐기기 위해서 기반이 되는 것은 VR 기기로, 최근 기술혁신을 통해 초기 모델보다 무게는 가벼워지고, 가격은 합리적으로 변하고 있다. 가장 최근에 출시된 오큘러스 퀘스트2는 출시 3개월 만에 100만 대 이상의 판매 실적을 보였는데, 이는 스마트폰 시대를 열었던 아이폰 3G의 판매량에 버금가는 수치이다.

글로벌 소셜 네트워크 서비스(SNS) 기업인 '메타(舊 페이스북)'가 대표적으로 인프라 기술혁신을 주도하고 있는데, VR 기기사인 오큘러스의 인수뿐 아니라, 오큘러스의 콘텐츠 이용 시 페이스북 계정으로만 접근 가능하도록 했다. 현재, 오큘러스의 점유율은 글로벌 확장현실(XR, eXtended Reality) 장비 시장조사에 따르면 페이스북 오큘러스가 53.5%로 압도적인 시장 점유율을 차지하고 있다.[06] 또한, 2019년 5G 망의 상용화는 데이터의 전송 속도, 대역폭 등의 이점을 가지게 되었으며 빅데이터를 소화할 만한 기술의 혁신 덕에 가상세계에 연속성 있고 실재감을 주는 상황이 구현 가능하게 되었다. 무엇보다 클라우드 기술의 혁신은 데이터를 가상의 공간에 저장이 가능하게 하였고, 이를 기반으로 가공 및 활용 등 새로운 비즈니스의 기반을 다졌다 할 수 있다.

메타 오큘러스사의 VR 기기 혁신 과정

구분	오큘러스 리프트	오큘러스 GO	오큘러스 리프트S	오큘러스 퀘스트1	오큘러스 퀘스트2
PC	필요	선택	필요	선택	선택
디스플레이	OLED	LCD	LCD	OLED	LCD
해상도	2160 x 2100	1280 x 1440	2560 x 1440	1440 x 1600	1832 x 1920
저장공간	해당없음	32GB, 64GB	해당없음	64GB, 128GB	64GB, 256GB
무게	380g	468g	610g	571g	503g
가격	599달러	199달러	399달러	399달러	299달러
출시일	2016.3	2017	2019	2019	2020

출처: 오큘러스 홈페이지를 참고하여 저자 작성, https://www.oculus.com/compare/?locale=ko_KR

---

06) 「Oculus captures half of XR headset market in 2020」, Counterpoint, 2021.03.10. https://www.counterpointresearch.com/oculus-captures-half-xr-headset-market-2020/

[4] 콘텐츠·IP 기반의 기술혁신

　콘텐츠·IP 주도형 혁신 주요 사례는 한국 기업인 네이버 제트의 '제페토(ZEPETO)'가 있으며, 사회·경제적 활동을 결부시키면서 사용자 기반의 콘텐츠 생산 및 확산 메커니즘을 설계했다. 2018년 8월에 출시된 제페토 애플리케이션의 월간 다운로드 수는 2020년 12월까지 지속해서 상승 중이며 매출액 역시 동일하게 상승 중인 것으로 조사되었으며, 제페토는 사용자 참여 기반의 콘텐츠 제작이 이루어지고, 창작자들에게 경제 활동이 가능한 메커니즘을 설계하였다. 이는 미국 게임사 '로블록스'와 유사한 비즈니스지만, 사회·문화적 기능이 더 많이 접목되고 있다는 차이점이 있으며, '빌드잇'을 통해 아바타의 아이템을 제작 및 판매하며, 수익창출이 가능하다.

제페토 월간 다운로드 수 및 매출액

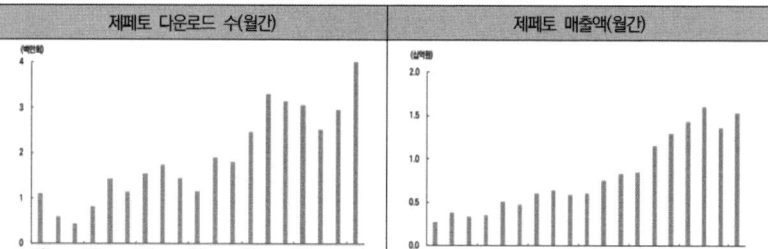

출처: 미래에셋대우(2020.12.3.), p.5

제페토에서 활동하고 있는 창작자 수는 6만 명 이상이며 초기 공개 이후 8억 원 이상의 매출이 발생[07]하는 등 창작자 수의 증가와 함께 제페토 내의 콘텐츠도 풍부해지고 있다. 제페토에 콘텐츠 제작 창작자가 증가하는 배경에는, 빌드잇 스튜디오를 누구나 사용하기 쉽도록 구현해 놓은 것에 있다. 최근에는 한국콘텐츠진흥원에서 '2021년 콘텐츠 현업인 재교육 특화 과정' 실버 크리에이터 과정도 개설했다. 특히, 제페토는 콘텐츠에 아티스트 IP와 브랜드 IP를 적극 활용해 콘텐츠를 생산하여 사용자들의 락인(Lock-in) 할 수 있는 콘텐츠를 생산하게 했다.

하이브(舊 빅히트엔터테인먼트)와 YG, JYP엔터테인먼트로부터 총 170억 원의 투자유치를 받았으며 소속 가수들의 안무 공개, 가상 팬 사인회 개최 등의 이벤트를 개최하였다. 2020년 9월 YG의 '블랙핑크' 그룹은 3D 아바타로 실제와 같은 모습을 구현해 가상 팬 사인회를 개최하였으며, 세계에서 무려 4,600만 명이 참여한 바 있다.

또한, 엔터테인먼트뿐 아니라 패션 브랜드에서도 제페토를 마케팅 및 소통의 채널로 보고 있는데 대표적으로는 2021년 5월, 패션 브랜드 구찌(Gucci)는 제페토 내 '구찌빌라'를 설립해 신상품 공개 및 아바타의 특화된 아이템 공개 등의 활동을 진행했다. 제페토의 주 이용객은 10대이며, 세계 165개국의 누적 가입자 2억 명인 점을 감안하면, 아티스트 IP와 브랜드 IP를 콘텐츠 결합하는 것은 중요한 잠재적 수요 고객의 확보

---

[07] 「[메타버스가 온다] 위드 코로나19 시대 메타버스서 옷 산다」, <매일경제>, 2021.03.10., http://www.m-i.kr/news/articleView.html?idxno=805330

수단이 될 수 있음을 보여 준다.

(5) NFT와 결합하는 메타버스(NFTxMetaverse)

'대체불가능한 토큰(Non-Fungible Token)'의 약어인 NFT는 메타버스의 다양한 사용자 창작 콘텐츠(User Generated Contents, UGC)에 희소성·소유권의 부여가 가능하다. NFT는 블록체인 기술을 활용해 음악/영상 등 특정 디지털 창작물에 별도의 고유한 인식 값을 부여하여 복제하기 어려운 희소성을 생성하고, 특정인의 소유권 정보를 기록 가능하다. NFT는 생성일시, 크기, 창작자 서명, 소유권·판매 이력 등의 디지털 창작물 정보를 블록체인 데이터로 저장하고, 해당 창작물은 원본이 있는 사이트나 원본 보호를 위한 분산저장 시스템(Inter-planetary File System)에 보관한다. 비트코인 등 상호 교환이 가능한 기존 디지털 토큰(Fungible Token)과는 달리, NFT는 각 토큰이 고윳값을 지녀 다른 NFT로 대체불가한 고유 자산으로서 희소성을 보유한다.

NFT의 4가지 장점

위조하기 어려움	추적하기 쉬움
복제가 어렵기 때문에 희소성을 더 잘 보장할 수 있고, 위조품으로 인해 가치가 무너지지 않도록 보장	블록체인의 데이터는 공개적이고 투명하며 누구나 NFT의 출처, 발행 시간/횟수, 소유자 내역 및 기타 정보를 볼 수 있음
부분에 대한 소유권	순환 증가
부분에 대한 소유권을 인정해, 토큰을 1/n과 같은 형태로 나눠서 구매(거래) 할 수 있음	게임을 예로 들면, 아이템이 NFT로 만들어지면 플레이어는 아이템의 진정한 소유권을 얻게 되고 NFT 경매 시장에서 자유롭게 거래 가능

출처: 「블록체인 시장의 다음 메가트렌드, NFT」, KB금융지주 경영연구소, 2021.03.02.

그간 디지털 창작물은 무한히 복제될 수 있어 희소성의 가치가 희석되었으나, NFT로 한정된 수량의 창작물에 선택적으로 소유권 부여·양도가 가능해져 창작물의 희소성/상징성, 제작자 명성 등에 기반한 가치 산정 및 거래 활성화 계기가 마련되었다. 전 세계 NFT 시장의 거래액은 2019년 약 6,200만 달러(약 686억 원)에서 2020년 약 2억 5,000만 달러(약 2,760억 원) 규모로 전년 대비 4배 급증[08]했고, 트위터 CEO 잭 도시는 본인의 첫 번째 트윗(Tweet) 소유권을 NFT 방식으로 경매하여 291만 달러(약 3억 원)에 낙찰되었다. 디지털 예술품에 NFT를 적용하여 소유권 생성 및 거래가 가능해지면서, NFT 예술품 거래액이 2020년 11월, 260만 달러에서 동년, 12월 820만 달러까지 증가했다.[09]

메타버스 사용자는 NFT를 활용해 자신의 디지털 창작물을 '상품화' 하여, 이를 암호화폐 등 대가를 받고 판매하여 '수익'을 창출하고, 다른 창작 활동에 '재투자' 가능하게 되었다. 메타버스 창작물의 상품화 거래를 통해 창작자가 얻은 소득이 현실세계의 화폐로 환전이 가능해지면서 메타버스 기반의 현실-가상융합경제 활동을 촉진되었고, 더 샌드박스(The Sandbox), 디센트럴랜드(Decentraland), 업랜드(Upland) 등 블록체인 기반 메타버스 게임 플랫폼들은 사용자들이 직접 NFT 아이템을 만들고, 거래를 통한 수익 창출을 가능하게 하여 콘텐츠 다양화와 지속적인 사용자 유입을 촉진했다.

더 샌드박스는 사용자들이 게임 내 가상 공간과 아이템을 NFT로 제작하여 소유권을 확보하고, 더샌드박스 암호화폐(SAND)로 거래가 가

---

08) 「Non-fungible tokens yearly report 2020」, NonFungible, L'ATELIER
09) CryptoArt.io

능하게 하고, 디센트럴랜드는 게임 내 가상 공간 내 토지(LAND)의 소유권을 NFT로 기록하여 구매·판매 가능하며, 디센트럴랜드 암호화폐(MANA)를 사용했다. 업랜드는 가상의 부동산 시장 게임 서비스로, 실제 현실 주소를 바탕으로 만든 가상의 부동산 증서를 NFT로 만들고 업랜드 암호화폐(UPX)로 거래가 가능하게 하였다.

향후 NFT 기반의 메타버스 생태계가 확장되고, 다른 메타버스 간의 NFT 창작물을 활용할 수 있는 NFT 상호 호환성이 가능해진다면 더욱 높은 활용 가치가 전망된다.[10] NFT의 장점과 메타버스에서의 활용·투자 가치에 대한 관심이 높아지고 있으나, NFT 활용이 활성화되면서 나타나는 위험요인도 존재하여 창작자가 아닌, 다른 사람이 먼저 창작물을 NFT로 등록해 소유권을 주장하거나, 패러디물 등 2차 창작물의 NFT 소유권이 원저작물 저작권을 침해할 우려 등이 제기되고 있다.[11]

---

10) 「[블록먼데이] "NFT서 미래 봤다"…'더샌드박스'가 꿈꾸는 블록체인 게임」, <블로터>, 2020.10.19.
11) 「NFT 시장 급성장, 커지는 위작·저작권 분쟁」, <Coindesk Korea>, 2021.04.01.

3. 메타버스 시대 삶의 준비

1) 주요 기술의 이해

[1] 블록체인 개념[12]

　블록체인 기술은 데이터 분산처리 기술로서, 네트워크에 참여하는 모든 사용자가 모든 거래내역 등의 데이터를 분산, 저장하는 기술을 지칭한다. 블록들을 체인 형태로 묶은 형태이기 때문에 블록체인이라는 이름이 붙었고, 블록은 개인과 개인의 거래(P2P)의 데이터가 기록되는 장부가 된다. 이런 블록들은 형성된 후 시간의 흐름에 따라 순차적으로 연결된 '사슬(체인)'의 구조를 가지게 된다. 모든 사용자가 거래내역을 보유하고 있어 거래내역을 확인할 때는 모든 사용자가 보유한 장부를 대조하고 확인해야 한다. 이 때문에 블록체인을 '공공 거래 장부' 또는 '분산 거래 장부'라고 불리기도 한다.

[2] 기존 거래와 블록체인의 차이점

　기존에는 은행이 모든 거래내역을 가지고 있었다. 만약 A가 B에게 송금을 한다고 하면 현재 금융 시스템에서는 은행이 중간 역할을 한다. 왜냐하면 A가 B에게 10만 원을 주었다는 사실을 '증명'해 줘야 하기 때문이다. 따라서 두 사람 사이에 안전하게 거래할 수 있도록 은행이 중간

---

12) https://www.banksalad.com/contents/블로체인-개념-완벽-정리

역할을 해 주는 것이다. 블록체인도 거래내역을 저장하고 증명한다. 그러나 거래내역이 은행이 아닌 여러 명이 나눠서 저장을 한다. 만약 한 네트워크에 10명이 참여하고 있다면 A와 B의 거래내역을 10개의 블록을 생성해 10명 모두에게 전송/저장하는 것이다. 나중에 거래내역을 확인할 때는 블록으로 나눠 저장한 데이터들을 연결해 확인한다.

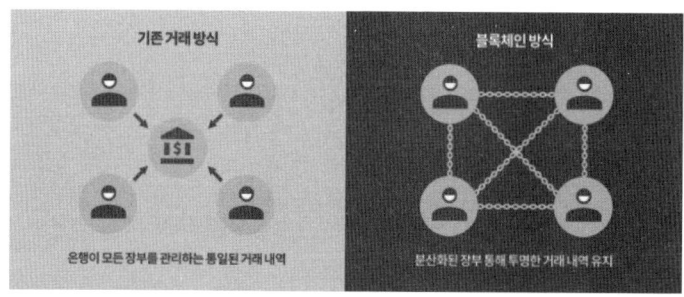

출처: SW중심사회

[3] 블록체인의 특징

블록체인은 분산 저장한다는 점이 특징으로, 기존 거래 방식에서 데이터를 위·변조하기 위해선 은행의 중앙서버를 공격하면 가능했다. 최근 몇몇 은행 전산망 해킹 사건이 일어날 정도로 현실적인 위협이다. 그러나 블록체인은 여러 명이 데이터를 저장하기 때문에 위·변조가 어렵다. 블록체인을 위·변조하기 위해서는 참여자의 모든 거래 데이터를 모두 공격해야만 가능하기 때문에 사실상 해킹은 불가능하다고 여겨진다. 또한 블록체인은 중앙 관리자가 필요 없다. 은행이나 정부 등 중앙 기관이나 중앙 관리자가 필요했던 것은 공식적인 증명, 인증 등이 필요했기 때문이다. 그러나 블록체인은 다수가 데이터를 저장, 증명하기 때문에 중앙 관리자가 존재하지 않아도 된다.

[4] NFT 기술

NFT, 대중에게 알려지기 시작하다[13]

2021년 가상 자산 시장에서 NFT(Non-Fongible Token)가 큰 화두가 되고 있으며, 이제는 사람들의 관심을 넘어 하나의 거대한 시장을 형성하기 시작했다. NFT가 대중에게 본격적으로 알려지기 시작한 것은 지난 3월부터이다. 디지털 예술가 비플(Beeple)이 10초 분량의 비디오 클립을 74억 원에 판매하였고, 테슬라 CEO 일론 머스크의 연인이자 가수인 그라임스는 디지털 작품 NFT를 만들어 65억 원을 벌어들였다. 며칠 뒤, 크리스티 미술품 경매 시장에서 비플이 만든 디지털 작품이 786억에 낙찰되었고, 생존작가의 작품 중 3번째로 비싼 가격이라는 사실에 시장의 관심은 폭발하였다. 이후에도, 트위터 공동창업자 잭 도시의 첫 번째 트윗이 32억 원에 낙찰, 〈뉴욕타임스(NYT)〉 칼럼이 6억 원에 팔리는 등 예상치 못한 아이템이 판매되기 시작했다.

NFT가 대중에게 알려지면서 NFT 구글 검색량이 급증하였고, NFT 플랫폼의 주간 이용자 수도 한 주간 40만 명을 기록하기도 했다. 이어, 많은 유명인사들과 대기업, 인기 브랜드들도 NFT를 채택하는 사례가 늘어났으며, 하루하루 빠르게 변화하는 이 시장을 따라가기조차 어려울 지경에 이르렀다. NFT라는 새로운 기술이 우리의 일상에 빠르게 침투

---

13) 「NFT, 메가트랜드가 될 것인가」, 유진투자증권, 2021.10.05.

하고 있다.

NFT(Non-Fungible Token)는 대체불가능한 토큰이라는 뜻으로, 토큰마다 별도의 고유한 인식 값을 부여하여 상호교환이 불가능한 가상 자산을 말한다. 이러한 특성으로 인해 희소성이라는 개념이 적용될 수 있으며, 미술품, 수집품, 리미티드 에디션 제품 등 고유의 가치를 가지는 디지털 자산들이 NFT가 될 수 있다.

전 산업으로 확장되는 NFT 기술 / NFT 구글 트렌드 추이

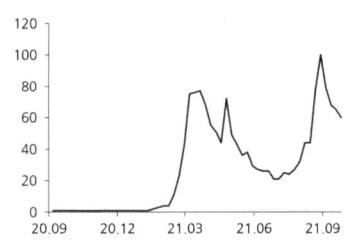

출처: Visa, 유진투자증권 / Google, 유지투자증권

즉, 투자상품으로서 가치를 가질 수 있음을 의미한다. 우리가 사용하는 지폐는 어떤 것을 주고받아도 동일한 가치를 가지기 때문에 Fungible이라고 할 수 있지만, 2009년 5만 원권 최초발행 당시 일련번호가 빠른 것을 경매에 부쳤던 지폐는 Non-Fungible이 될 수 있을 것이다. 희소한 것을 원하는 것은 인간이 가진 본성이라고 할 수 있다.

자산의 종류별 Fungible&Non-Fungible 비교

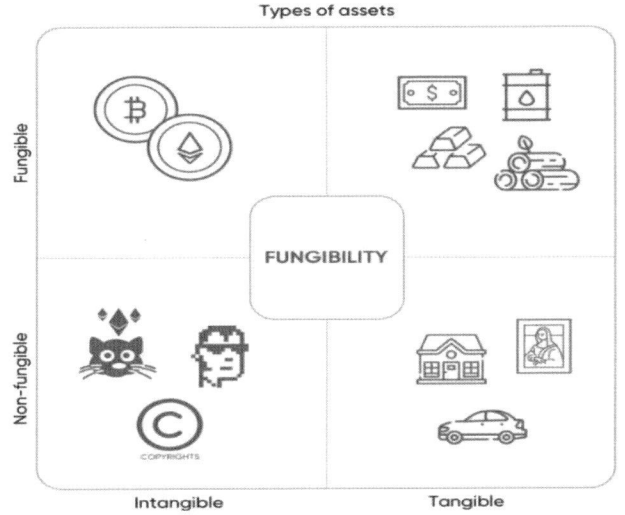

출처: capitalcom, 유지투자증권

NFT 기술의 이해

☐ ERC-721

NFT는 기술적으로 어떤 알고리즘으로 구현되는지 알아보자. NFT의 핵심 특징은 Non-Fungible, 대체불가능하다는 것이며, ERC-721라는 이더리움 표준안을 사용한다. ERC는 Ethereum Request for Comment의 약자로, 이더리움 블록체인 네트워크에서 발행되는 토큰의 표준이며, 우리가 일반적으로 알고 있는 암호화폐(이더리움 등)에 사용되는 ERC-20는 대체가능한 토큰 성격을 가진다는 점에서 차이가 있다. ERC-721은 2018년 6월 21일 최종적으로 채택되면서, NFT 시대의 시작을 알렸다.

ERC-721의 코드를 보면, 발행(Mint)에서부터 다르게 표현되어 있다. ERC-20은 토큰의 양(Amount)을 표시하는 반면, ERC-721은 대체불가능을 위해 토큰 ID(Token ID)와 소유자(Owner)를 강조하고 있음을 알 수 있다. 전송(Transfer) 단계에서는, ERC-20은 송신주소(Sender)에서 수신주소(Recipient)로 양(Amount)만큼의 토큰을 보내게 되지만, ERC-721은 송신주소(From)에서 수신주소(To)로 권한과 Token ID를 수신주소로 변경하는 과정을 거친다. ERC-721 코드에서 OwnerOf 함수가 있는데, Token ID를 파라미터로 넣으면 이 토큰의 소유자가 누구인지를 알려준다. NFT에는 자산 고유 ID와 생성순서 외에도 작품명과 이미지 등 디지털 자산을 나타내는 세부정보가 담겨 있는데, 데이터 크기에 따라 온체인이 아닌 오프체인에 데이터를 저장할 수 있다. 블록체인에 모든 것을 넣을 수 있다면 좋겠으나, 블록체인이 무거워지고 가스비가 증가하는 단점이 존재한다. 이러한 경우 Token URI 함수를 활용하여 언급된 URI로 이동하여 메타 데이터를 확인할 수 있다.

ERC-20 코드

```
constructor(name, symbol, decimals)
name()
symbol()
decimals()

totalSupply()
balanceOf(account)
transfer(recipient, amount)
allowance(owner, spender)
approve(spender, amount)
transferFrom(sender, recipient, amount)
increaseAllowance(spender, addedValue)
decreaseAllowance(spender, subtractedValue)
_transfer(sender, recipient, amount)
_mint(account, amount)
_burn(account, amount)
_approve(owner, spender, amount)
_burnFrom(account, amount)
```

출처: EIPS, 유진투자증권

ERC-721 코드

```
balanceOf(owner)
ownerOf(tokenId)
approve(to, tokenId)
getApproved(tokenId)
setApprovalForAll(to, approved)
isApprovedForAll(owner, operator)
transferFrom(from, to, tokenId)
safeTransferFrom(from, to, tokenId)
safeTransferFrom(from, to, tokenId, _data)
_safeTransferFrom(from, to, tokenId, _data)
_exists(tokenId)
_isApprovedOrOwner(spender, tokenId)
_safeMint(to, tokenId)
_safeMint(to, tokenId, _data)
_mint(to, tokenId)
_burn(owner, tokenId)
_burn(tokenId)
_transferFrom(from, to, tokenId)
_checkOnERC721Received(from, to, tokenId, _data)
```

출처: EIPS, 유진투자증권

□ IPFS(Inter Planetary File System)

NFT의 정보가 오프체인에 저장될 경우, 아마존 웹 서비스와 같은 클라우드 스토리지 솔루션을 이용할 수 있는데, 업체 서버에 문제가 발생에 따른 위험이 존재할 수 있다. 이에 따라, 탈 중앙화 분산형 파일 시스템 IPFS(Inter Planetary File System)에 대한 관심이 높아지고 있다. NFT 마켓플레이스인 오픈씨(OpenSea)도 NFT 제작자가 IPFS 및 파일코인을 사용하여 NFT를 적절하게 분산할 수 있도록 지원하고 있다.

IPFS는 파일과 아이디로 처리되는 하이퍼 미디어 프로토콜로, 동일한 파일 시스템으로 모든 컴퓨터 장치를 연결하기 위해 만든 시스템이다. 현재 사용되고 있는 월드와이드웹(WWW)의 HTML은 기업들의 데이터센터에 데이터가 저장되고 있어, 서버다운 혹은 해킹 시 취약하다는 단점이 있다. IPFS의 특징은 콘텐츠 주소로, 모든 컴퓨터가 분산 서버 역할을 하여 더 빠르고 안전한 웹을 구현하는 것을 목표로 하고 있다. 데이터 공유 방식이 단일 서버가 아닌 모든 네트워크 참여자들의 P2P 방식의 탈 중앙화 웹이며, NFT에 사용되는 메타데이터를 안전한 공간에 기록할 수 있다.

현재 파일코인 IPFS 전체 네트워크 유효 스토리지는 11.6EiB(엑비바이트, Exbibyte)에 달하며, 하루 50~60PiB(페비바이트)가 증가하고 있다. 치아네트워크의 네트워크 공간도 34.4EiB로 매우 큰 규모이다. 이는 NFT와 메타버스 시장의 확장으로 안전한 데이터 저장에 대한 수요가 증가하고 있는 것을 의미한다. 디지털 자산의 부각과 메타버스 시대가 열리면서 전 세계 데이터 생성량은 더욱 폭발적으로 증가할 것으로 전망된다.

기존 서버 방식과 IPFS 방식의 비교

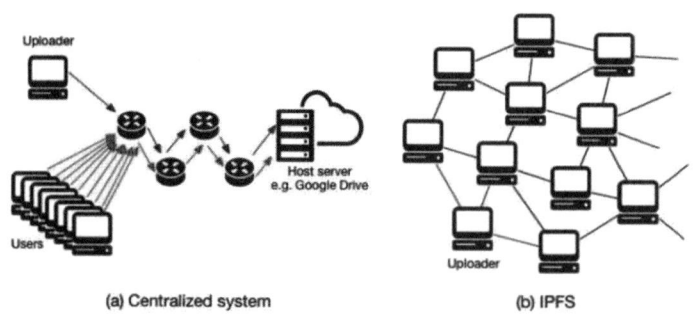

출처: EIPS, 유진투자증권

□ ERC-1155

ERC-1155도 NFT에 사용되는 이더리움 토큰 표준이다. ERC-1155는 대체가능 토큰(FT)과 대체불가능한 토큰(NFT)이 생성할 때마다 각기 다른 스마트 컨트랙트가 필요했던 부분을 단 하나의 스마트 컨트랙트로 여러 가지 토큰을 생성하고 관리할 수 있다. 토큰을 생성하는 데 필요한 코드 양을 최소화함으로써 가스 요금이 줄어드는 장점이 특징이다.

ERC-1155 코드

```
balanceOf(owner)
ownerOf(tokenId)
approve(to, tokenId)
getApproved(tokenId)
setApprovalForAll(to, approved)
isApprovedForAll(owner, operator)
transferFrom(from, to, tokenId)
safeTransferFrom(from, to, tokenId)
safeTransferFrom(from, to, tokenId, _data)
_safeTransferFrom(from, to, tokenId, _data)
_exists(tokenId)
_isApprovedOrOwner(spender, tokenId)
_safeMint(to, tokenId)
_safeMint(to, tokenId, _data)
_mint(to, tokenId)
_burn(owner, tokenId)
_burn(tokenId)
_transferFrom(from, to, tokenId)
_checkOnERC721Received(from, to, tokenId, _data)
```

출처: EIPS, 유진투자증권

2) 맺음말

4차 산업 시대에 제조업을 포함하여 모든 산업에서 데이터에 의한 품질 관리 즉 정성적인 판단이 아니 정량적인 판단만의 필요성이 제기되었다. 즉 데이터로 학습을 한 AI 기술이 데이터만 충분히 있다면 인간을 능가하는 능력을 부분적으로 가질 수 있다는 사실이 입증된 것이다. 따라서 전 산업에서 데이터, 빅데이터의 중요성이 인지됨으로 데이터 확보에 큰 관심이 이루어지는 환경이 조성된 것이다.

이에 팬데믹 시대가 장기간 지속됨으로 비대면 시대가 강제적으로 열리는 문화가 조성되었다. 온라인 시대에 분산 환경을 지원하는 블록체인 기술, 가상 환경에 실질 환경을 지원하는 XR(eXtensible Reality) 기술, 가상 환경에서 개인의 소유권을 인정하는 NFT 기술 등의 발전, DAO(Decetalized Autonomos Organization) 환경조성으로 메타버스의 시대가 도래됨을 예측할 수 있었다. 이에 급변하는 시대에 살고 있는 우리들이 조금이라도 삶의 여유를 가지고 급변하게 변하지 않는 기술요소 위주로 정리해 보았다. 감사합니다.

참고문헌

- 김현식, 「Blockchain 기술 정의 및 동향」, 『2021년 제4회 혁신포럼』, 2021.11.
- 정준화, 「메타버스(metaverse)의 현황과 향후과제」, 『내일을 여는 국민의 국회 이슈와 논점 제1858호』, 2021.07.28.
- 김정민, 「국내외 메타버스플랫폼과 콘텐츠 비즈니스 동향」, 『KT AI2XL연구소 기획리포트 Vol45』, 2021.07.08.
- 김정민, 「국내외 메타버스플랫폼과 콘텐츠 비즈니스 동향」, 『KT AI2XL연구소 기획리포트 Vol45』, 2021.07.08.
- 운정현·김가은, 「메타버스 가상세계 생태계의 진화전망과 혁신전략」, 『STEPI Insight 제284호』, 2021.12.22.
- 이승환, 「로그인(Lon In)메타버스:인간x공간x시간의 혁명」, 『ISSUE REPORT IS-115』, 2021.03.17.
- 채다희 등, 「메타버스와 콘텐츠」, 『Kocca Focus 통권134호』, 한국콘텐츠진흥원
- 한상열, 「메타버스 플랫폼 현황과 전망」, 『미래연구 포커스, 메타버스, 가상과현실의 경계를 넘어, FOTURE HORIZON+ Von 49』
- KB지식 비타민, 「지금은 메타버스에 올라탈 시간」
- 이승환·한상열, 「메타버스 비긴즈(BEGINS):5대이슈와 전망」, 『ISSUE REPORT IS-116』, 2021.04.20.
- 인터넷, 「NFT, 메가트랜드가 될 것인가」, 유진투자증권, 2021.10.05.

이현수 LEE HYUN SOO

학력

· 숭실대학교 IT정책경영 공학박사

· Murray State Univ.(U.S.A.) 공학석사

· 울산대학교 조선공학

· 서라벌 고등학교

주요경력

· 숭실대학교 소프트웨어학과 초빙교수

· ㈜에프엔에스벨류 연구소장

· AI스마트팩토리 구축 컨설팅

· 부천대학교 컴퓨터소프트웨어과 겸임교수- SW공학, 컴퓨터보안/블록체인, 인터넷프로토콜, 운영체제, 웹프로그래밍 강의(8년)

· AI스마트팩토리구축/수준진단/마이스터컨설팅

· AI기반 국방의료정보체계 분석프레워크연구원

· 국방통합메가센터 사이버위협 대응체계ISP

· 국방정보화업무추진(30년)

자격사항

- 국제인증심사위원: ISO9001, ISO14001
- 공공기관 직무면접관 1급
- 창직 컨설턴트 1급
- 직업능력개발 훈련교사 2급
- 대한민국 산업현장 교수
- 행정사 자격증
- 소프트웨어 특급 기술자
- 정보처리기사 1급
- 중등교사교원 자격증

저서

- 『신중년 도전과 열정 2021』, 브레인플랫폼, 2021.(공저)
- 「공공분야 정보화 프로젝트 성공률을 높이기 위한 위험요인 우선순위에 관한 연구」, 박사논문, 대한전자공학회, 2013.
- 「AI기반군의료정보체계빅데이터분석체계기술개발」, 정보과학회지, 2018.(공저)
- 「국방스마트 의료환경 혁신방안 연구」, 과제, 정보화기획관실, 2017.
- 「4차산업시대 SW혁신기업 성장지원방안연구」, 과제, 과기정통부, 2018.
- 「국내SW산업의 글로벌 경쟁력 강화 정책연구」, 과제, 4차산업혁명위원회, 2018.(공저)
- 「신기술/신산업 혁신성장을 위한 규제혁신 및 시장지원방안」, 과제, 4차산업혁명위원회, 2018.(공저)

수상내역

- 정부포장, 2014. 행안부

제12장

프롭테크와 지식산업센터의 결합

김세진

1. 지식산업센터의 현황과 전망

1) 프롭테크의 동향

프롭테크(Proptech)는 '부동산(Property)'과 '기술(Technology)'이 결합된 서비스 또는 그러한 서비스를 제공하는 기업을 의미한다. 부동산 산업에서 일어나고 있는 디지털 혁명의 중요 축인 프롭테크는 부동산 관련 정보, 부동산 시장과 부동산 거래 및 관리 등을 촉진시키는 일련의 수직적 연결이다. 자산 및 공간 활용 행태에도 많은 영향을 미칠 것으로 예상된다.

코로나19로 인해 많은 인명이 희생되고 고통받고 있지만 기술은 급속히 발달하는 계기가 되고 있다. 지금까지 오프라인에서 진행되던 많은 일들이 온라인으로도 가능할 수 있음을 알게 되는 계기가 되었다. 상당수의 부문에서는 오히려 더 효율적이라는 인식이 확산되고 있다. 이로 인해 우리 사회는 급속히 기술 기반 사회로 전환되고 있다.

특정 산업 분야나 미래에 활용될 것으로 예상되었던 AI, 드론, 로봇, 빅데이터 등 첨단 산업이 우리의 일상생활에까지 깊게 들어와 활용되고 상용화되고 있다. 우리 사회는 당분간 대면과 접촉이 주는 친근함 또는 익숙함과 함께 기술이 제공하는 비대면생활의 효율성 및 편리함이 병존하는 체제가 유지될 것으로 예상된다.

4차 산업혁명에 따른 IT 기술이 발달함에 따라 부동산 산업 전반에도 여러 기술이 접목되고 있다. 이처럼 정보통신 기술을 장착하여 혁신적인 부동산 서비스를 제공하는, 이른바 프롭테크 산업이 지금 코로나19를 계기로 급부상하는 중이다.

프롭테크는 부동산 산업에서 다양하게 이용된다. 부동산 개발부문에서는 드론을 활용하여 건설현장을 모니터링하고 관리하는 서비스와 딥러닝 기반 인공지능을 활용하여 개발 부지에 최적의 설계안을 도출하는 서비스 등이 이용되고 있다. 또한 빅데이터를 기반으로 주택과 오피스 등 유형별 시설의 중개를 도와주거나 핀테크를 통해 부동산 투자를 위한 크라우드펀딩과 수익증권 발행의 편의를 돕는 서비스도 있다.

2) 지식산업센터의 정의와 현황

아파트형 공장이라는 명칭을 아는지 물어보면 들어 본 적이 있고 잘 안다고 얘기하는 분들도 많다. 지식산업센터는 그 이름이 현대적으로 변경된 것이라고 쉽게 이해하면 될 것 같다. 지식산업센터란 하나의 건축물에 제조업, 지식 산업, 정보통신업 등에 해당하는 회사 및 공장과 이를 지원하는 시설이 복합적으로 있는 3층 이상의 집합건물을 의미한다.

「산업집적활성화 및 공장설립에 관한 법률」제2조(정의) 13호에 따르면 '지식산업센터'란 동일 건축물에 제조업, 지식 산업 및 정보통신 산업을 영위하는 자와 지원 시설이 복합적으로 입주할 수 있는 다층형 집합건축물로서 대통령령으로 정하는 것을 말한다고 하고 있다.

> **지식 산업의 정의**
> 법 제2조 18호에서 '지식 산업'이란 창의적 정신 활동에 의하여 고부가 가치의 지식 서비스를 창출하는 산업으로서 다음 각 호의 산업을 말한다.
>
> 1. 「통계법」 제22조에 따라 통계청장이 고시하는 표준산업분류에 따른 연구개발업
> 2. 「고등교육법」 제25조에 따른 연구소의 연구개발업
> 3. 「기초연구진흥 및 기술개발지원에 관한 법률」 제14조 제1항 각 호에 따른 기관 또는 단체(같은 법 제6조 제1항 제3호에 따른 대학은 다음 각 목의 요건을 모두 갖춘 대학이나 「대학설립·운영 규정」 제2조의7에 따라 산업단지 안에서 운영하는 대학만 해당한다)의 연구개발업
> 가. 법 제2조 제8호의2에 따른 산학융합지구에 입주할 것
> 나. 건축 연 면적 2만 제곱미터 이하일 것
> 다. 기업과의 공동연구를 위한 연구실, 연구개발을 위한 장비 지원 시설 및 기업부설연구소를 위한 시설의 면적이 건축 연 면적의 100분의 50 이상을 차지할 것
> 4. 건축 기술, 엔지니어링 및 그 밖의 과학 기술 서비스업
> 5. 광고물 작성업
> 6. 영화, 비디오물 및 방송프로그램 제작업
> 7. 출판업
> 8. 전문 디자인업
> 9. 포장 및 충전업
> 10. 다음 각 목의 어느 하나에 해당하는 교육 서비스업
> 가. 「근로자직업능력 개발법」 제2조 제3호에 따른 직업능력개발훈련 시설에서 운영하는 경우
> 나. 제3호 각 목의 요건을 모두 갖춘 대학의 경우
> 다. 「대학설립·운영 규정」 제2조의7에 따라 산업단지 안에서 운영하는 대학의 경우
> 11. 경영컨설팅업(재정·인력·생산·시장 관리나 전략기획에 관한 자문 업무 및 지원을 하는 기업체만 해당한다)

12. 번역 및 통역 서비스업
13. 전시 및 행사 대행업
14. 환경 정화 및 복원업
15. 영화, 비디오물 및 방송프로그램 제작 관련 서비스업
16. 음악 및 기타 오디오물 출판업
17. 시장조사 및 여론조사업
18. 사업 및 무형 재산권 중개업
19. 물품감정, 계량 및 견본 추출업
20. 무형재산권 임대업
21. 광고 대행업
22. 옥외 및 전시 광고업
23. 사업 시설 유지 관리 서비스업
24. 보안 시스템 서비스업
25. 콜센터 및 텔레마케팅 서비스업
26. 「이러닝(전자학습)산업 발전 및 이러닝 활용 촉진에 관한 법률」 제2조 제3호 가목에 따른 업(이 항 제7호, 제10호 또는 제3항 각 호에 따른 산업을 경영하는 입주기업체가 운영하는 경우로 한정한다)
27. 「통계법」 제22조 제1항에 따라 통계청장이 고시하는 표준 산업 분류에 따른 그 외 기타 분류 안 된 전문, 과학 및 기술 서비스업으로서 관리 기관이 인정하는 산업. 이 경우 관리 기관의 인터넷 홈페이지에 해당 산업을 게시하여야 한다.

정보통신 산업의 정의

법 제2조 제18호에서 '정보통신 산업'이란 정보의 수집·가공·저장·검색·송신·수신 및 그 활용과 이에 관련되는 기기·기술·역무, 그 밖에 정보화를 촉진하기 위한 산업으로서 다음 각 호의 산업을 말한다.

1. 컴퓨터 프로그래밍, 시스템 통합 및 관리업
2. 소프트웨어 개발 및 공급업
3. 자료처리, 호스팅 및 관련 서비스업
4. 데이터베이스 및 온라인 정보 제공업
5. 전기 통신업

전술한 것처럼 다양한 기업들의 사무 공간과 지원 시설이 입주하는 초대형 오피스 부동산이 지식산업센터다. 한 건물에 적게는 수백 개, 많게는 일천 개 이상의 기업체가 입주해 있다.

제조 기업부터 IT 기업까지 입주 가능하고 세금 감면과 대출이 유리해서 중소기업은 물론이고 일반 투자자들에게도 인기가 많다. 이른바 지산 3대장이라 일컬어지는 문정, 성수, 영등포 지역을 비롯하여 구로, 가산, 하남, 고양, 마곡, 남양주, 구리, 성남 등지에서 흔히 볼 수 있는 오피스들이 바로 지식산업센터다. 특히 서울과 수도권에 밀집해 있다.

필자 또한 수년째 문정과 하남 등 지식산업센터 밀집 지역에서 사무실을 이용하고 있는데 최근 1~2년처럼 투자와 관심이 뜨거웠던 시기가 없었던 것으로 기억한다. 각종 커뮤니티에서는 지산(지식산업센터) 투자에 대한 정보공유가 매우 활발하다. 아래 그림을 보면 최근 5년간 지식산업센터 신설 승인이 얼마나 많이 이루어지고 있는지 가히 그 규모를 짐작할 수 있다.

연도별 전국 지식산업센터 신설 승인건수

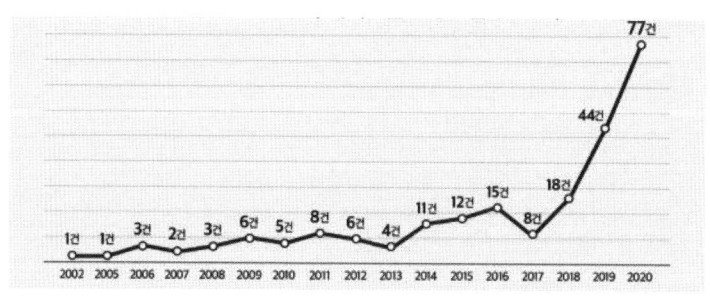

그동안 우리나라의 부동산 투자는 주택 등 주거용에 집중이 되어 있었기 때문에 상대적으로 지식산업센터 분양은 이른바 아는 사람만 참여하는 특수한 부동산 투자 분야였다. 대중에게 익숙하지 않은 분야인 까닭에 불미스러운 일들이 종종 발생하기도 했다. 영업사원이 분양 당시에는 건물 관리와 임대까지 모두 맞춰 주겠다고 안심시켜 놓고, 분양 이후 연락 두절되는 경우들이 있었다. 이렇다 보니 신뢰가 없는 시장이 되어 가기도 했다.

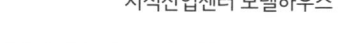

지식산업센터 모델하우스

3) 지식산업센터의 전망

이런 문제를 보완하기 위해 지식산업센터 중개 및 관리 전문 플랫폼이 하나둘씩 등장하고 있다.

정부의 부동산 규제가 다른 부문보다 덜한 지식산업센터를 바라보는 투자자들의 시선이 뜨겁다. 여전히 창업수요가 늘고 있는 데다 기존에 사무실을 임차하고 있던 중소기업들도 정부의 지원정책에 힘입어 아예 분양을 받으려는 수요가 급증했기 때문에 투자 열기가 꾸준히 호황을 이어 가고 있다. 조기에 분양이 완료되는 곳들이 속출한다. 최근 몇 년 동안 수십 % 혹은 두 배 이상의 가격 상승을 보이고 있는 형국이어서 당분간은 인기를 구가할 것으로 예상된다. 대표적인 지식산업센터 프롭테크 기업 사례를 살펴보기로 하겠다.

2. 지식산업센터 중개플랫폼의 프롭테크 사례

점프컴퍼니

지식산업센터 전문 프롭테크 스타트업 점프컴퍼니는 설립 2년 6개월 만에 누적 거래액 1조 원을 돌파했다. 2021년 거래액은 약 8,600억 원이었다. 무려 전년 대비 7배 상승했다.

2019년 5월에 설립된 점프컴퍼니는 지식산업센터 전문 플랫폼인 '점프'와 부동산 자산 관리 솔루션 '점프에셋' 등을 통해 수익형 부동산 시장에 IT 기술을 적용하여 이용자의 분양·매매·임대 전 주기에 대한 서비스를 제공하며 놀라운 성장세를 보이는 프롭테크 기업이다.

점프컴퍼니는 대출 규제가 강화된 부동산 투자 시장에서 새롭게 주목 받고 있는 투자처인 지식산업센터를 전문적으로 분양 상담, 중개, 대출 관리, 맞춤형 임대, 자산 관리 등의 서비스를 진행하고 있다. IT 기술을 통해 부동산 투자자들의 투자 및 자산운용을 돕고 있다. 지식산업센터 라는 부동산은 분양만으로 끝나는 게 아니다. 임차도 해야 하고, 관리도 꾸준히 하여야 하는 것이다. '점프에셋'이라는 앱을 사용하면, 그 안에 서 자산 관리, 도면 확인, 부가세 환급, 임대료 납입 관리 등이 모두 가능하다.

보유 자산 현황과 임대 관리가 앱 하나로 진행 가능한 점프에셋

업력 3년 차를 맞은 점프컴퍼니는 거래액 8,600억 원, 분양 면적 23만 2,000m²(약 7만 평)를 기록했다. 전국 지식산업센터 공급의 10% 상당을 소화한 것이다. 누적 거래액은 설립 2년 6개월 만에 1조 원을 돌파하고, 누적 분양 면적은 32만 6,000m²(약 9.8만 평)를 달성하였다. 축구

장 45개의 면적이다. 특히 1인당 평균 투자금액은 1.1억 원, 재투자율 45%를 기록하며 부동산 투자자들의 폭발적인 호응을 이끌어 내고 있다.

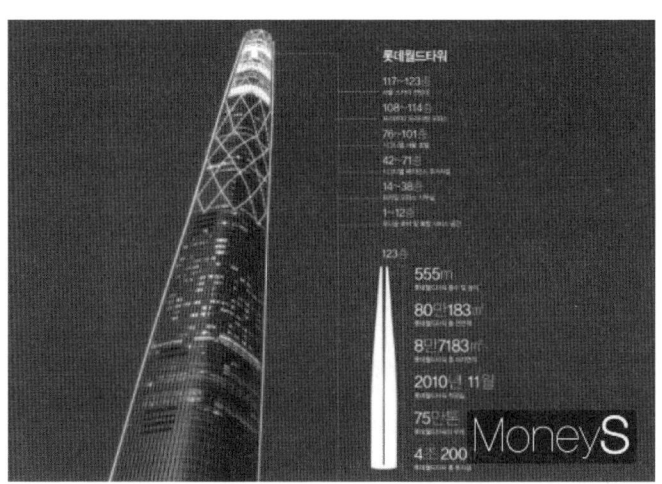

출처: 머니S

점프컴퍼니는 2022년 상반기 지식산업센터 시행을 통해 자체 상품을 공급할 예정이며 향후 부동산 계약 과정의 간소화를 위한 부동산 등기 NFT를 출시할 계획이다.

알이파트너

프롭테크 스타트업 알이파트너는 '지식산업센터114'를 운영하는 사용자 중심 데이터 제공 기업이다. 서울과 경기, 인천의 지식산업센터 7백여 개의 건물정보에 자사 보유 빅데이터 정보를 가공하여 국내 최초로 지식산업센터 실거래가 정보를 제공하고 있다.

알이파트너는 정부 지원 사업을 통해 수도권에 위치한 지식산업센터의 부동산 등기 데이터를 확보했다. 기존 부동산 정보 제공 플랫폼은 국토교통부가 제공한 공공데이터 포털과 감정평가사 프로그램 등에서 실거래가 정보를 수집하는 방식이었다. 국토교통부 실거래가는 계약 후 30일 이내에 신고된 실거래가를 수집하고 있지만, 계약이 해제되거나 무효, 취소되는 경우에도 30일 이내에 신고해야 수집된 정보를 삭제하게 된다. 이로 인해 거래가 완료되지 않은 실거래가를 제공하면 정확하지 않은 정보를 전달하는 우려가 있었다. '지식산업센터114'는 자체 개발한 알고리즘으로 부동산 등기 데이터에서 실거래가를 추출하여 거래가 완료된 데이터를 제공하고 있다. 원하는 지역의 실거래가 정보를 사용자가 직접 확인하고, 그 지역의 평균 시세를 파악한 후 합리적인 의사결정을 내릴 수 있도록 정보를 제공하려는 것이다.

기업 또는 투자자가 지식산업센터의 분양 정보를 얻는 과정은 오프라인 영업사원들의 대면상담 또는 전화상담을 통한 영업 방식에 절대적으로 의존하고 있다. 분양홍보관에 직접 방문해서 모형도를 살펴보고 방향과 위치, 분양가격 관련 정보를 제공받은 다음, 단시간 내에 계약 결정을 요구받는 경우가 대부분이다. 사실 전문가가 아닌 일반 고객이나 기업 입장에서는 모형도를 보거나 현장에 방문해서 안내 카탈로그를 읽는다 하더라고 이해하기가 좀처럼 쉽지 않다.

알이파트너는 앞으로는 지식산업센터114 플랫폼에서 메타버스를 활용한 VR 분양홍보관을 도입하여 이러한 문제를 해결할 수 있게 하는 것을 목표로 하고 있다. 구축하고 있는 '메타버스 플랫폼 지식산업센터 114 VR 분양홍보관'은 360도 파노라마 뷰, 가상현실, 3D, VR, 드론을 이용한 건물 정보 시각화를 활용해 이미 준공된 현장과 같은 몰입감을 제공할 수 있다. 비대면 트렌드를 경험해 본 기업들은 분양홍보관에 방문할 필요 없이 데스크톱, 랩톱, 태블릿, 모바일에서 분양 정보를 확인할 수 있다. 시간과 장소의 구애를 받지 않고 어디서나 천천히 검토할 수 있다는 장점을 가지고 있다. 매물을 가지고 있는 파트너 중개업소를 확보하기 위한 전략으로 아래와 같은 서비스를 제공한다.

☐ 메타버스 3D 공간영상 매물정보 등록 서비스(선택사항)
- 홈페이지 화면 빠른 메뉴 3D(+) 버튼 추가로 특화된 매물 관리
- 타 매물과 차별화된 매물 광고 효과
- 현장감 넘치는 생생한 3D 공간 정보 제공
- 평면도, 아이소, 면적측정, 자동투어 등 부가 기능
- 고성능 3D 전용카메라 렌털(2년 후 소유권 이전)
- 10G의 3D 공간영상 저장용량
- 촬영 및 영상편집 메뉴얼 제공 및 기술지원

☐ 지식산업센터별 단독 중개업소 정보 노출 서비스(기본사항)
- 각 지식산업센터별 파트너 중개업소 단독 노출
- 건물 정보 내 파트너 중개업소 전화번호 노출, 연결 서비스
- 실수요자 상담 시 우선적으로 파트너 중개업소 추천
- 매월 지역별 지식산업센터 실거래가 상세내역 제공
- 각종 분석정보 및 지식산업센터 시장동향
- 전용 계약서 및 중개대상물 확인설명서 제공(자동입력 Tool)

지식산업센터114의 파트너 중개업소 모집 안내광고문

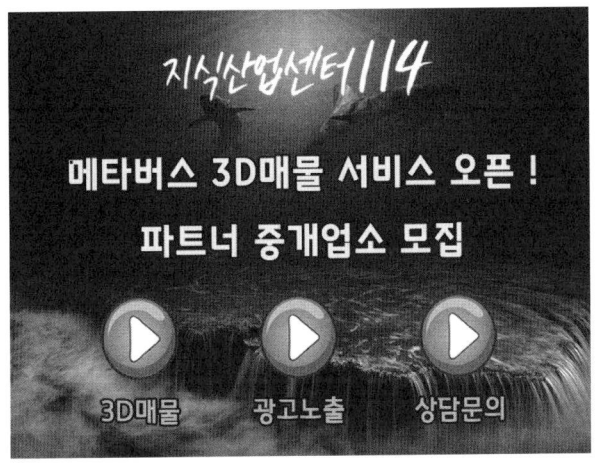

　지식산업센터 분양 현장 분위기가 조금씩 달라지고 있다. 지금까지는 수억 원에서 수십억 원의 비용을 들여서 분양홍보관을 짓고 로봇 커피, 파노라마 뷰, 투자설명회를 열어 지식산업센터 주 고객인 기업들의 시선을 끌었다. 하지만 코로나19 상황에 투자를 고려하는 중소기업들도 분양홍보관 방문을 꺼리기 때문에 기존과 같은 영업 방식은 고객들의 관심을 받을 수가 없게 되었다. 이런 이유로 VR 분양홍보관은 향후 지식산업센터의 언택트 영업 방식으로 각광받을 것으로 보인다.

- 리처드 W J 브라운, 『#프롭테크 #Proptech 부동산 기술은 어떻게 세상을 바꾸는가』, 무블출판사, 2021.
- 경정익, 『부동산 빅데이터 블록체인 프롭테크』, 박영사, 2020.
- 도정국 외, 『지식산업센터 자주 묻는 질문 50개 모음집』, 청춘미디어, 2020.
- Chandra, Lawin, 『The Proptech Guide: Everything You Need to Know about the Future of Real Estate』, Proptech Asset Management, 2018.
- 김은영, 「4차 산업혁명시대 지역의 신산업육성을 위한 지식산업센터 건립에 관한 연구」, 지방정부연구vol.22(3), 2018.
- 권오규 외, 「지식산업센터와 일반산업단지의 만족도 및 영향 요인에 관한 연구」, 부동산산업연구vol.1(1), 2015.

김세진 KIM SE JIN

학력
· 경영학박사

주요경력
· (사)한국유통과학회 부회장
· 국제융합경영학회 이사
· 한국웰빙융합학회 편집위원
· 서울시 서울기업지원센터 전문위원
· 서울산업진흥원 평가위원
· 경기도경제과학진흥원 평가위원
· 서울창업허브 창업멘토
· 경기, 강원, 제주 농촌융복합산업 코칭/평가위원
· 소상공인시장진흥공단 심의위원
· 오산시 공유경제위원회 위원
· 농촌진흥청 농촌융복합산업 평가위원
· 소상공인진흥원 자영업컨설팅 평가위원

· 한국서비스품질우수기업 인증평가위원

· 삼육대, 강원대, 숭의여대, 동서울대, 유한대, 우석대, 대전과학기술대 등 외래교수

· MBN, tvN, 한국경제TV, 팍스경제TV, 한국직업 방송 등 컨설턴트패널

· 전) 대형마트, 중소벤처기업부 공공기관 재직

자격사항

· 국제공인경영컨설턴트(CMC)

저서

· 『N잡러 컨설턴트 교과서』, 브레인플랫폼, 2022.

· 『신중년, N잡러가 경쟁력이다』, 브레인플랫폼, 2021.

· 『창직형 창업』, 브레인플랫폼, 2021.

· 『미래 유망 기술과 경영』, 브레인플랫폼, 2021.

· 『언택트 시대 생존 방법』, 정보문화사, 2020.

· 『소상공인&중소기업컨설팅』, 브레인플랫폼, 2020.

· 『경영기술컨설팅의 미래』, 브레인플랫폼, 2020.

· 『인생 2막 멘토들』, 렛츠북, 2020.

· 『경영학원론』, 두남, 2017.

프롭테크와
메타버스NFT

초판 1쇄 인쇄 2022년 04월 21일
초판 1쇄 발행 2022년 04월 28일

지은이 김영기, 이승관, 김정혁, 김성모, 이준호, 허제인,
　　　　김기민, 이창택, 강재우, 이태열, 이현수, 김세진
펴낸이 김민규

편집 김수현 | **표지디자인** 조언수 | **본문디자인** 김민지

펴낸곳 브레인플랫폼(주)
주소 서울특별시 서초구 법원로3길 19, 2층 (서초동)
등록 2019년 01월 15일 제2019-000020호
이메일 iprcom@naver.com

ISBN 979-11-91436-15-0 13320

---

* 이 책은 저작권법에 따라 보호를 받는 저작물이므로 무단전재 및 복제를 금지하며,
　이 책 내용의 전부 및 일부를 이용하려면 반드시 저작권자와 브레인플랫폼(주)의 서면동의를
　받아야 합니다.

* 잘못된 책은 구입하신 서점에서 바꾸어 드립니다.